小红书
达人实操攻略

内容策划 视频制作 直播带货 运营变现

李红萍 著

人民邮电出版社

北 京

图书在版编目（CIP）数据

小红书达人实操攻略 ：内容策划 视频制作 直播带货 运营变现 / 李红萍著. -- 北京 ：人民邮电出版社，2022.10（2023.7重印）
ISBN 978-7-115-58932-3

Ⅰ．①小… Ⅱ．①李… Ⅲ．①网络营销 Ⅳ．①F713.365.2

中国版本图书馆CIP数据核字(2022)第058516号

内 容 提 要

小红书以其操作简单、界面简约、阅读轻松的特点吸引了不少年轻人，是当下非常流行的分享和发现世界精彩的平台，用户可以通过短视频、图文等形式记录生活点滴，分享生活方式，并基于兴趣形成良性的互动。

本书从认识小红书、小红书的注册与基础操作、小红书的定位攻略、小红书笔记写作要领、小红书配图拍摄和优化、短视频笔记拍摄与制作、紧跟潮流的小红书直播、小红书运营的"涨粉"三部曲、拓宽运营渠道、获取变现途径等方面，对小红书的内容平台模式和内容运营策略进行了深入的解读与分析，为读者提供了详尽的账号定位、内容创作及运营变现指导。

本书适合对小红书感兴趣的运营者、自媒体创业者，以及希望通过布局小红书成为流量主播的达人们参考阅读。

◆ 著　　　　　李红萍
　　责任编辑　　张　贞
　　责任印制　　陈　犇

◆ 人民邮电出版社出版发行　　北京市丰台区成寿寺路 11 号
　　邮编　100164　　电子邮件　315@ptpress.com.cn
　　网址　https://www.ptpress.com.cn
　　廊坊市印艺阁数字科技有限公司印刷

◆ 开本：700×1000　1/16
　　印张：12.25　　　　　　　　　　2022 年 10 月第 1 版
　　字数：260 千字　　　　　　　　2023 年 7 月河北第 2 次印刷

定价：69.80 元
读者服务热线：(010)81055296　印装质量热线：(010)81055316
反盗版热线：(010)81055315
广告经营许可证：京东市监广登字 20170147 号

前 言

写作背景

小红书是一个拥有大量优质内容和消费信息的内容社区,被喜爱它的广大用户称为"种草神器"。在日益激烈的"流量争夺战"中,小红书始终坚守着自己的阵地,同时又紧跟自媒体发展风向,不断寻求自身的新发展方向。从开启小红书直播,到上线视频号成长计划,小红书始终求新求变,一往无前。

小红书兼具内容平台和电商平台的优点,对于追求内容变现的广大自媒体人而言是一个良好的平台。本书涵盖小红书从内容创作到运营的全方位知识,讲解深入浅出,即使是运营"小白",也能通过对本书的学习获得有效提升,成长为小红书中的优质创作者。

本书特色

本书不仅以通俗易懂的语言,将复杂的理论通俗化,还充分考虑到了不同读者的学习需要,搭配了真实案例和生动的讲解。即便是小红书运营"小白"也能通过学习本书准确地掌握小红书的相关运营技巧。

1. 平台基础:小红书快速入门

本书深入剖析小红书的特点,全面介绍小红书的运营模式与特色、内容类型与特点,详细阐述小红书的笔记推送机制及排名算法,帮助读者快速理解小红书的玩法,使读者轻松成为小红书的优质KOL(KOL即Key Opinion Leader,关键意见领袖)。

2. 内容制作:写作要领、视频制作、直播流程全攻略

小红书笔记选题怎么做?笔记文案怎么写?如何制作配图与视频?本书一步步教读者如何编写小红书笔记,对笔记选题、文案标题、文案创作、配图与视频的拍摄制作等内容进行详细说明。零基础的读者也能通过本书快速上手,创作出优质内容。

3. 运营"涨粉":账号定位、运营、推广、变现全攻略

本书围绕小红书账号定位、运营、推广、变现一系列环节进行深入探讨,力求为读者提供易于理解并行之有效的运营意见,帮助读者培养成熟、完善的运营变现思维。

4. 运营进阶:获取运营变现新途径

本书将小红书内容的推广与变现同IP打造(IP即Intellectual Property,知识产权)、矩阵推广、社群运营等热门话题相结合,为读者介绍商家引流、广告商单、小红书电商等变现途径,充分展现小红书运营变现的多元性,帮助读者成功进阶小红书运营的更高层次。

内容框架

本书共9章,详细分析了小红书的平台发展、商业模式等,同时为读者提供了账号定位的打造、内容创作与分发、账号的多渠道推广、引流变现的全攻略。

第1章: 介绍小红书的基本情况,从小红书的发展史到当前的平台定位、商业模式、运营特点与模式、3种内容类型及其特点。

第2章: 结合实操案例讲解小红书账号的注册全过程,对小红书的界面与基础功能进行简要介绍,并针对账号信息的设置提供意见。

第3章: 围绕账号定位这一中心,详细阐述了定位的意义,并从3个角度提供给账号定位的方法。

第4章: 介绍小红书笔记从选题、写作到发布全过程的指导方法和要点分析。

第5章: 主要介绍图文笔记中配图的拍摄与优化技巧。

第6章: 主要介绍短视频笔记中短视频的拍摄与制作技巧,总结了4个创作要领。

第7章: 阐述了小红书直播的特点和操作方法,介绍了与直播相关的各项工作与注意事项,帮助读者成长为一名合格的小红书主播。

第8章: 介绍"涨粉"三部曲,为读者提供更高阶的"涨粉"攻略。

第9章: 分析小红书账号的推广渠道,介绍专业度更高的运营手法,并对小红书平台的一些变现途径进行说明与展示。

读者群体

本书适合广大自媒体创作者和希望在小红书平台深耕内容、增强影响力的团队及个人阅读,也可以作为培训机构、MCN机构(MCN即Multi-Channel Network,是一种新的"网红经济"运作模式)的参考资料。

编者
2022年3月

目 录

第1章

认识小红书

　　小红书是一款深受年轻用户喜爱的 App。与传统的内容平台相比，小红书在内容、形式等方面都有突出的特点。本章以小红书的发展史为切入点，详细介绍了小红书迅速"走红"的过程，带领读者探索小红书的特点。

1.1 小红书：消费决策入口

小红书定位为生活分享社区。在这个社区，每一位用户都可以分享自己的生活体验并以此感染更多的用户分享和交流。本节主要介绍小红书的发展史及小红书拥有的巨大发展潜力。

初识小红书——小红书的发展史

小红书创办于2013年，是一个深耕用户创造内容(User Generated Content，简称UGC)的购物分享社区。起初，它只是针对海外购物提供指南，随后其内容和体量不断扩大，不到5年的时间就成长为知名的消费类口碑库和社区电商平台，成为200多个国家和地区、3亿消费者的"种草神器"。图1-1所示为小红书的图标和宣传语。

图1-1 小红书的图标和宣传语

潜力巨大的小红书——平台定位与商业模式

很多业内人士认为小红书是一个具有巨大潜力的平台，主要是因为其独特的商业模式和与之匹配的平台定位。接下来从4个方面出发，谈谈小红书独树一帜的平台定位与商业模式。

1. 用户年轻化

小红书的主要用户是年轻人，尤其是"90后"年轻女性。当然，随着小红书的广泛探索和快速发展，其用户圈层不断扩张，但年轻用户仍然以其现代化的消费习惯和强烈的表达欲望活跃于小红书，并且在平台中承担着主力军的角色。

鲜活、生动，这是用户打开小红书后的第一感受。亮丽的图片内容、多样化的资讯、强烈的语言风格，无不彰显着小红书这个平台的年轻与活力，如图1-2所示。

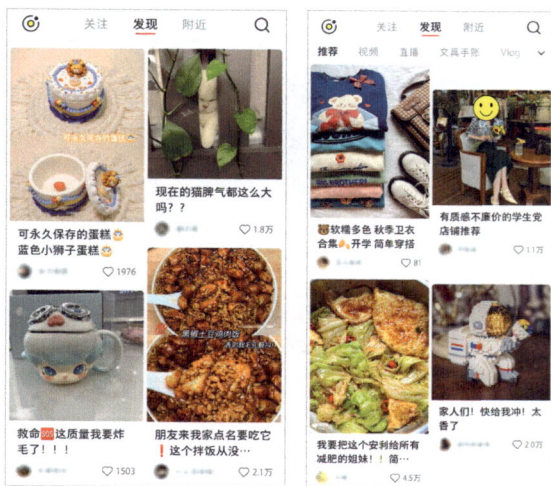

图1-2 年轻化的内容

图 1-3　直接影响消费决策的笔记

图 1-4　从商品本身出发的笔记

图 1-5　评论区的用户交流

2. 直接影响消费决策

小红书致力于成为影响年轻人消费决策的平台。小红书由于对用户消费决策的有效推动，获得了"种草神器"的美称。

打开小红书，迎接用户的就是应接不暇的分享内容，其他用户亲身试用的好物、需要"避雷"的商家店铺、商品的使用技巧等，直观的图片和带有真情实感的文案刺激着用户的神经，直接影响着用户对各种品牌、商品的看法，如图1-3所示。

3. 内容至上

小红书是一个内容至上的消费决策平台，它与纯粹的购物平台和社交平台相比，有着很大的不同。

同购物平台相比，小红书的购物氛围相对淡薄，用户虽然在小红书上采纳购物建议，但小红书并不会一味地要求用户下单，更多是用内容吸引用户，让用户真正地对商品产生兴趣。简单来说，小红书更多是从商品本身出发，强调商品的使用价值和用户体验，让用户对商品产生兴趣，而非用活动、优惠去吸引用户迅速下单，如图1-4所示。

同社交平台相比，小红书并不依赖于构建社交关系产生信任。通常，社交平台利用熟人关系进行内容传递，而在小红书上，最常见的用户交流地就是笔记的评论区，而在评论区中开展的讨论往往是针对笔记的内容的，如图1-5所示。

4. 诠释生活方式

小红书笔记在推荐商品时，尤其重视阐述用户自身的使用体验。用户不仅会从商品本身的属性深入分析，还会在分享商品时结合自己真实的使用体验，让其他用户产生更强的代入感。与此同时，小红书笔记在一定程度上也是对用户生活方式的诠释，如图1-6所示。

图1-6　诠释生活方式的笔记

1.2　小红书运营的特点与模式

小红书的运营模式有其独创性和不可复制性。用户要想在小红书上获得发展机会，一方面要弄清平台运营的特点，另一方面要了解平台运营的模式，从而实现自身流量的转化。本节将从用户的角度出发，探讨小红书运营的特点与模式，为用户运营账号指点迷津。

小红书运营的特点——引领消费新风尚

在当今的互联网中，各平台都在追求流量变现，小红书不是第一个让头部账号背书引流的平台，但它做出了自己的风格特色，引领了一种具有小红书特色的消费新风尚。

1. 内容日常化

小红书既是一个消费决策平台，也是一个生活方式平台。小红书将"标记你的生活"作为自己的口号，鼓励用户通过小红书分享自己的真实生活。这就深刻影响了平台的内容创作风向，小红书笔记也因而具有日常化的特点。

无论是"素人"，还是关键意见领袖（Key Opinion Leader，简称KOL），他们都在将自己的生活融入创作，将真实的体验放进小红书笔记里，即使是"带货"笔记，用户往往也是从自己的使用经历着眼，将需要分享的内容融入特定的生活场景，刺激其他用户产生共鸣，放大产品的实用性。

图1-7所示为某款充电宝的推荐笔记，

图1-7　笔记内容生活化

用户就将该充电宝的"超薄""便携"等特点转化为"直接揣口袋"的使用体验，既融入了可视的生活场景，展示了产品在使用时的突出优点，又用口语化的表达，让笔记看起来更加"接地气"，提高了其他用户的接受度。

2. 重视视觉感受

重视视觉感受是小红书在内容运营上的又一突出特点。在小红书上，用户只能发布图文笔记或视频笔记。也就是说，每篇笔记都带有图像内容，在界面中，图像内容也占据了较大的版面，标题和文案在视觉上只占很小的部分，如图1-8所示。

文案为辅，图片和视频内容为主的内容形式决定了创作者在发布内容时，更注重后者。如果总是把笔记的精华内容都放在文案中，乱选图片，那么就很难创作出"爆文"。相反，如果图片已经充分展示了重点，文案只做简要补充也是可以的。

图1-9所示为一篇关于衣柜收纳的笔记。创作者直接将自己的收纳成果拍摄成图片，文案不过简单几句话，但内容清晰明了，便于用户快速把握重点，另外又使用图片编辑软件，将具体的产品信息添加到图片上，方便用户购买，进一步增加了图片的信息量。

图1-8　以图像内容为主

图1-9　图片体现重点

图1-10　美食笔记示例

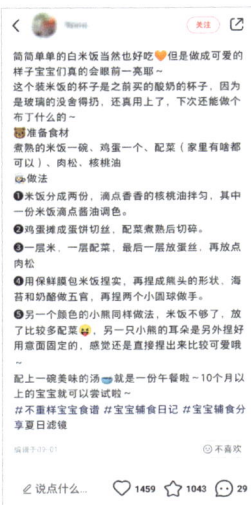

除了用图片体现重点以外，增强图片本身的吸引力也是十分必要的。好的笔记配图不光要有内容，还应具有显著的观赏性。

图1-10所示为某美食笔记。用户在制作美食时，特意设计了可爱的形象，使完成品看起来更加美观精致。给这样色香味俱全的美食拍照，放进笔记，更容易吸引用户点开笔记阅读，而且还能让用户产生亲自动手的欲望，提升笔记的实用性。

3. 链接内部商城

小红书商城的上线弥补了平台在消费环节的缺失。创作者只要在笔记中插入所推广产品在小红书商城中的链接，用户就可以直接从笔记界面点击商品卡片，快速跳转到商城，如图1-11所示。这一功能极大地缩短了小红书从"种草"到达成交易的路径，为平台内部的消费变现带来了新的增长点。

图1-11　从笔记跳转到商城

小红书运营的模式——重视分享，创造价值

在上一节中已经介绍过，小红书是一个内容至上的平台，因此它的运营模式是围绕内容进行的。热点的产生和传播都附着于平台内容上。一个有意识地打造热点的过程往往包括3个基本步骤：头部账号引导，"素人"跟进，热点反哺内容创作。接下来展开详细介绍。

1. 头部账号引导

头部账号引导是指通过在一些粉丝量较大、影响力较强的账号上投放产品广告，提高产品或品牌的知名度。账号的影响力越大，口碑越好，对产品或品牌的推广助力就越强，也更容易引发用户讨论和购买。

很多商家在推出新品时，会选择一些具有影响力的头部账号进行推广造势，就是为了发挥头部账号的引导作用，让更多用户了解和购买新品，如图1-12所示。

2. "素人"跟进

随着线上消费的发展，很多消费者的鉴别能力也日益提高。如果所有头部账号都在推荐某产品，却没有"素人"的使用体验，这样的推广也很难得到消费者的信任，推广效果自然也就有限，这也与小红

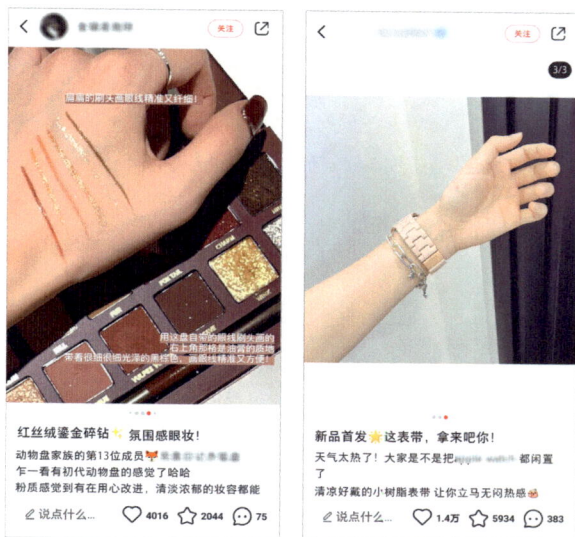

图1-12　头部账号引导

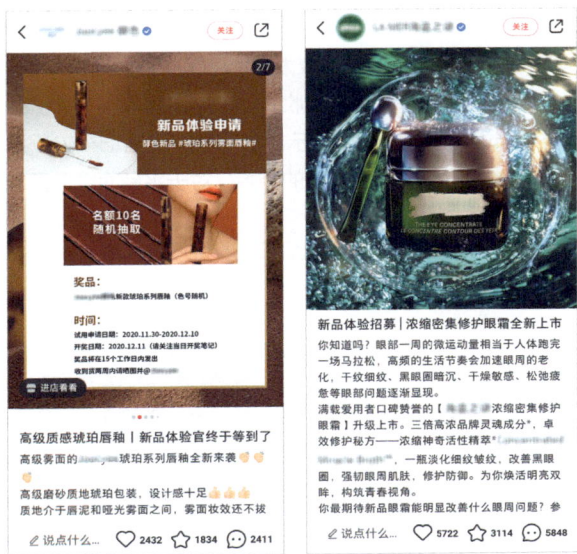

图 1-13　新品体验活动

书记录真实生活的理念相悖。因此，"素人"跟进是小红书热点打造的重要一环。

有些商家会通过商业投放的方式，选择一些粉丝量较少的"素人"账号合作，投放合作笔记吸引用户。这种做法虽然可行，但如果过度依赖，也容易引起用户的怀疑。比较好的做法是以做活动的方式鼓励用户主动分享，比如邀请用户成为"新品试用官"并反馈意见，用新品抽奖，或是在发货时放入小卡片鼓励用户返图，等等，如图 1-13 所示。

当然，也有很多热点是自然形成的，但无心插柳的案例不易效仿，此处只针对用户易于掌握的运营模式进行讨论。

3. 热点反哺内容创作

当头部账号和"素人"账号都开始发布某一内容之后，平台内部很容易产生规模效应。这时热点已经基本形成，但由于受自媒体创作"追热点"的原则影响，相关的内容创作还会再次爆发一个小高潮。很多账号为了借助热点创作"爆文"，会在之前内容的基础上继续挖掘可以发散的内容，或是在自己的笔记中嵌入一些与该热点相关的元素，从而带来大量热度，这就是热点的二次发酵。

1.3　小红书内容的类型与特点

根据具体形式的不同，小红书的内容可以分为 3 类：图文笔记、短视频笔记和直播。本节将分别对这 3 类内容进行分析，介绍一些常见的创作类型和这 3 类内容的基本特点。

图文笔记——图文并茂，日常分享

图文笔记是小红书中的一类基本内容，主要由配图和文案构成。区别于其他平台的图文内容，小红书上的图文笔记在类型和形式等方面有着自身明显的特点。

1. 常见的创作类型

图文笔记是小红书中较为基础的内容类型。对于用户而言，图文笔记是一种创作门槛较低的内容形式，人人都能用图文笔记分享自己的所见所闻。下面简单介绍 5 种小红书中常见的图文笔记类型。

（1）日常分享类图文笔记

在小红书平台，日常分享类图文笔记十分常见，大多数用户使用小红书是为了记录并分享自己的生活方式，用户会用一张写真或是随手拍摄的日常照片配以简短的文字，分享自己的所见所闻或抒发自己的感想，如图 1-14 所示。

（2）提问类图文笔记

小红书作为社区平台，能引起用户交流的图文笔记随处可见，其中较为突出的是提问类图文笔记。在提问类图文笔记中，用户会将自己遇到的问题和困惑分享出来，希望能收获他人的建议。尤其是一些与消费决策相关的提问，往往能引起众多用户的广泛讨论，如图1-15所示。提问类图文笔记相较于日常分享类图文笔记有更大的实用价值，用户能从与他人的交流中获取更多的经验，对于平台而言也更有利于营造良好的氛围。

图1-14　日常分享类图文笔记

图1-15　提问类图文笔记

（3）故事讲述类图文笔记

这类笔记通常更侧重于文字内容，用户通过讲述自己的亲身经历或是他人的故事来分享一些经验，或是单纯地讲述一些生活趣事。这类笔记的话题常常十分吸引人，用户通过文字向他人倾诉，在满足自身表达欲的同时能引发用户间的交流。这样的笔记能让平台的社交性有所提升。

图1-16所示是某位小红书用户分享的职场轶事。他通过描述自己的经历向其他用户分享经验，引起了很多同样身处职场的用户的共鸣。

（4）合集推荐类图文笔记

合集推荐类图文笔记也被称为"种草"笔记，笔记内容通常是向其他用户推荐一些商品、美食、游玩景区等。这类笔记在小红书拥有非常高的人气，也是较能影响用户消费决策的重要笔记类型，一些小红书资深用户甚至养成了在购物前先翻阅小红书查找相关笔记的习惯。

图1-17所示是两篇合集推荐类的小红书笔记。一般来说，合集推荐类图文笔记又分为两种，一种是用户基于自身购物体验而进行的推荐分享，另一种是一些商家或品牌方与用户达成的推广合作。在其他平台，这些带有营销意味的推荐内容或多或少会受到平台的限制，但在小红书里，只要遵循社区规范，这些推广性质的内容一样能受到平台的欢迎。

图1-16　故事讲述类图文笔记

（5）知识技巧类图文笔记

知识技巧类图文笔记在小红书中也很常见。小红书的用户以年轻人居多，其中不乏利用小红书学习知识和掌握技巧的用户。知识技巧类图文笔记对发布者而言是一种内容与个人兴趣相结合的产物，发布此类笔记能收获一定的成就感，在其他用户眼中，这些知识和技巧具有一定的实用价值。图1-18所示是两篇知识技巧类图文笔记，小红书分享的知识技巧以更"接地气"的生活类内容为主，比如摄影、手工等的知识技巧。比起较为复杂的学术知识，这类知识技巧对用户来说更具吸引力。

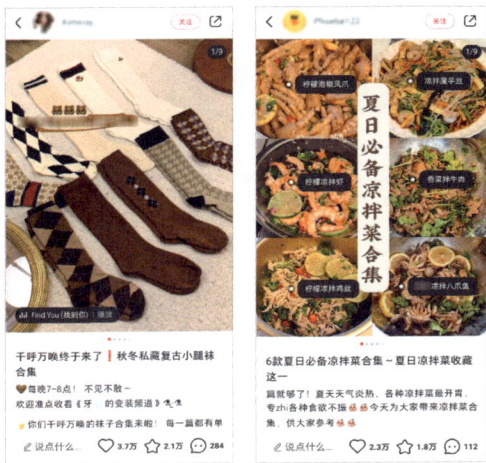

图1-17　合集推荐类图文笔记

图1-18　知识技巧类图文笔记

2. 基本特点

小红书中的图文笔记类型众多，但都有一些共性，集中体现在以下几个方面。

（1）简单明了

在科技的推动下，碎片化阅读成为一种趋势。人们在快节奏的生活中，能够用于获取信息的连续时间越来越少，尤其当用户借助移动设备进行阅读时，"文字太长不想看"已经成为人们的一种习惯。这就要求小红书笔记的文字内容足够简单明了，使用户在较短的时间内能完成阅读并从中提取出有价值的信息。

图1-19是小红书上某博主分享的一篇烹饪教程，笔记中用简短的篇幅交代了所需的食材和做法，笔记整体逻辑清晰，文字简洁明了，让用户能快速浏览并掌握重要信息，避免冗长的内容使用户抗拒。

（2）重视图片

与文字内容相比，一张张色彩鲜明的图片更能引起人们的兴趣。小红书抓住了人们的这一关注特点，在用户浏览的界面中刻意增加了封面图片的占比，这使得小红书博主在创作图文笔记时，要精心挑选图片作为笔记的封面，用封面图吸引用户的眼球，让用户产生点击阅读的兴趣。

在小红书中，一张好的封面图远比封面文字重要，图1-20为小红书中两篇以"煎饼果子"为关键词的图文笔记。直观地来看，第一篇笔记的封面图比第二篇笔记的封面图更具吸引力，这种吸引力对增加笔记的浏览量和收藏量等有着潜移默化的影响。

外脆里嫩 ❗ 好吃到舔手指的椒盐排骨

椒盐排骨：今天给大家带来一款外脆里嫩，好吃到舔手指的椒盐排骨。

食材：猪肋排2斤，2勺蒜泥，1勺料酒，1勺耗油，1勺生抽，1小勺黑胡椒粉，1小勺盐，1小勺糖，2勺玉米淀粉，椒盐粉

做法：
❶2斤猪肋排 +2勺蒜泥 +1勺料酒 +1勺耗油 +1勺老抽 +2勺生抽 +1小勺黑胡椒粉 +1小勺盐 +1小勺糖抓匀腌制1小时。
❷加入2勺玉米淀粉，抓匀。
❸锅中热油7成热下炸排骨小火炸8分钟，捞出，油滚大火复炸1分钟，捞出沥干油，撒上椒盐粉。

图1-19　烹饪教程

图1-20　"煎饼果子"图文笔记

除封面图外，小红书中拥有较高阅读量的图文笔记通常都是多图笔记，也有小红书博主仅通过展示一张张精美的图片就能够给用户留下深刻的印象。一些博主甚至在图片的美化和处理上有了自己的风格，这样能让用户在看到图片时一眼分辨出图文笔记的作者。

（3）使用表情和符号

小红书为了能让用户拥有良好的浏览体验，在图文笔记的排版上有严格的要求，通常用户无法修改图文笔记中字体、字号、颜色等内容。因此，为了增添文字内容的趣味性和可读性，小红书的博主们开始使用一些表情和符号让图文笔记更加生动有趣、条理清晰。

图1-21所示为小红书上的一篇旅游攻略类的图文笔记。笔记中使用了一些很有特色的符号，一方面，符号让笔记整体显得条理清晰，使用户能在短时间内抓住笔记的重点；另一方面，彩色的符号减弱了黑白界面的压迫感，能有效缓解用户的视觉疲劳。

（4）轻松幽默的语言风格

小红书图文笔记的语言风格不像普通的文章那样严肃，是一种更贴近人们日常用语的风格，其中不乏当下年轻人喜欢的网络用语、缩写和简称等。这样的语言偏向于口头用语，会给人带来一种亲切感，同时降低了普通用户的阅读门槛。

图1-21　旅游攻略

此外，轻松幽默的语言风格既能让笔记充满趣味性，又能拉近普通用户和博主之间的距离，促进小红书社区内用户的分享与交流。

短视频笔记——丰富精彩，生动形象

短视频笔记即由短视频和文案构成的笔记。随着短视频热潮的来袭，小红书对短视频的内容越来越关注，不仅上线了视频号功能，还对短视频的具体功能不断优化，如添加视频章节等，大力鼓励短视频的创作。短视频笔记的视频时长通常不超过5分钟，在小红书中完成注册与身份认证的用户都可以发布短视频笔记，而拥有视频号认证的账号还可以发布不超过15分钟的长视频。

1. 常见的创作类型

接下来介绍几类常见的短视频笔记创作类型。

（1）纯内容类短视频笔记

纯内容类短视频笔记通常具有明确、清晰的主题和拍摄对象，视频结构鲜明：开头介绍视频主旨或创作缘由，中间对分享内容依次进行介绍或展示，最后以简单的道别语或内容总结作为结尾。这类笔记常用于分享穿搭、好物等，如图1-22所示。

（2）自由分享类短视频笔记

自由分享类短视频笔记的内容结构相对松散，以分享真实瞬间为目的，有时只是一段生活画面，有时则以特定的形式串联起多段无主题的视频内容。这类笔记常用于分享生活、旅行照片、萌娃、萌宠等方面的内容，如图1-23所示。

图1-22　纯内容类短视频笔记

（3）记录演示类短视频笔记

记录演示类短视频笔记通常围绕视频主体进行完整记录，以解释说明为目的。为了避免视频过长或难以理解，博主通常会对原视频进行加速，加入文字或音频等进行解释说明，以便用户观看。这类笔记常用于分享各类教学教程、探店等方面的内容，如图1-24所示。

图1-23　自由分享类短视频笔记

图1-24　记录演示类短视频笔记

2. 基本特点

小红书的短视频笔记风格比较鲜明，一方面是由于平台对内容创作的要求，另一方面也是用户偏好对创作者反向产生的影响，体现了满足用户需求的创作原则。接下来介绍短视频笔记的3项基本特点。

（1）快节奏

体量短小是短视频流行于网络的重要原因之一，使用户观看的时间成本低、压力小。小红书中的短视频自然也不例外，平台将大部分短视频笔记的视频时长限制在5分钟内，避免过长的视频影响完播率。

在实际创作中，创作者也十分注意短视频的节奏，即便是较为复杂的内容，创作者也会通过调整速度的方式尽可能缩短不重要的画面。

图1-25所示为某穿搭短视频，创作者在16秒的短视频中放入了一周的7套穿搭，视频中只展示了穿搭成果画面，而省去了换装的过程，这正是短视频笔记快节奏的体现。

（2）文字补充说明

由于短视频的时长较短，可展示的画面有限，因此创作者需要对一些重要、复杂的内容进行补充说明。常见的补充说明方法包括在文案中补充说明、在视频画面中标注说明和在音频中解释说明3种。另外，为了避免音频表述不清，大多数创作者会为短视频添加字幕，帮助用户理解，如图1-26所示。

图1-25　一周穿搭短视频

图1-26　为视频添加字幕

（3）结构完整

完整的短视频通常由开头、主体和结尾3个部分构成。只要掌握这3个部分的基本创作方法，每个人都可以制作短视频，甚至制作出优秀的短视频。

在小红书上，短视频的常见开头方式是和用户打招呼，或是直接展示笔记标题，如图1-27所示。这两种开头方式可以将用户的注意力快速地吸引到短视频上来，从而提升短视频的播放率，避免突兀开场导致用户直接关闭短视频的情况发生。

短视频的主体是视频的精华内容，也是笔记的重点所在，一般直接进行内容的展示或说明。如果要在一则短视频中进行多项同类内容的展示，则可以使用视频章节功能，为短视频分节，让短视频内容更加清晰明了，如图1-28所示。

小红书短视频笔记的结尾通常比较简单、干练，通常以一句道别语或是提醒用户关注、点赞的引导语作为结尾，如图1-29所示。

图1-27 短视频开头

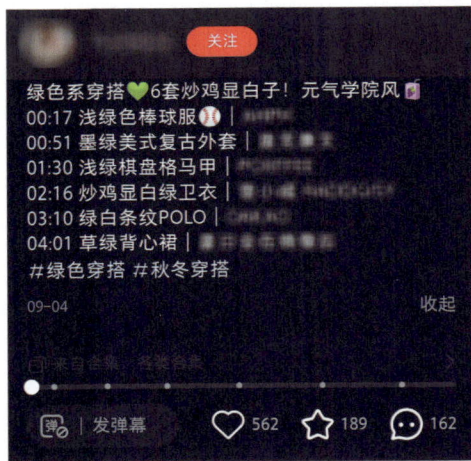

图1-28 视频章节功能

图1-29 短视频结尾

直播——直播带货，好物分享

直播是互联网的一个新风口，无论是短视频平台还是传统的购物平台都纷纷投身直播浪潮，小红书也不例外。下面介绍小红书中常见的直播类型和基本特点。

1. 常见的直播类型

受平台定位的影响，小红书中较为常见的直播类型主要有聊天分享类直播、产品介绍类直播、教程学习类直播3类。

（1）聊天分享类直播

聊天分享类直播是指单场直播没有固定的内容，主播可以根据直播间的评论随机回答问题，也可以围绕特定主题分享自己的观点和生活趣事，还可以在直播中展示自己的日常生活，如图1-30所示。

（2）产品介绍类直播

产品介绍类直播主要以"带货"为目的，为用户介绍需要推广的产品，如图1-31所示。这类直播间的消费氛围比较浓厚，对主播的"带货"能力和专业素养有着比较高的要求。相应地，由于在直播间内会直接产生消费行为，主播除了获得礼物打赏之外，还能获得产品的销售分成，"带货"效果越好，主播的收益也就越高。

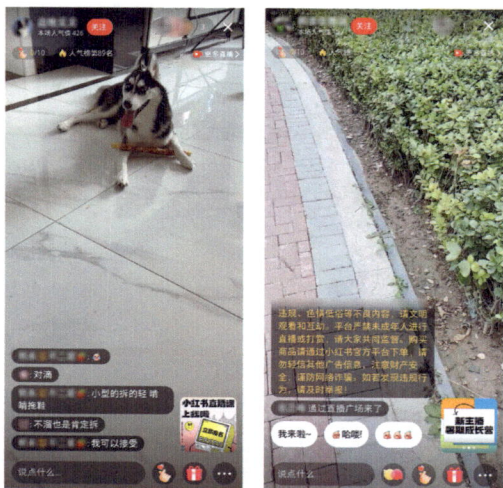

图1-30　聊天分享类直播

（3）教程学习类直播

教程学习类直播是指具有明确的主题和直播内容的一类直播，通常是就某一专业内容进行线上授课，或直播同步学习等，如图1-32所示。这类直播的内容相对固定，主播除了需要解答评论区粉丝关于课程内容的提问之外，基本不受直播间评论的影响，只需讲解自己事先准备的直播内容即可。

图1-31　产品介绍类直播

图1-32　教程学习类直播

2. 基本特点

与其他专注于直播的平台相比，尽管小红书的直播类型略显单薄，但非常符合平台的整体定位。下面总结了小红书直播的一些基本特点。

（1）"带货"直播为主

尽管小红书与购物平台有本质上的区别，但其直播内容还是以推荐产品为主，旨在通过不同的方式和技巧对用户的消费决策产生影响。尤其是基于对小红书的信赖，不少忠实用户会将小红书笔记视为自己的选购指南，通过小红书直播间来选择自己想要购买的商品，如图1-33所示。

（2）直播间封面很重要

直播间封面是直播间的"展示橱窗"，对增加直播间关注度起着很大的作用。一些专业的主播会专门拍摄写真并将其设置为直播间封面，以吸引用户。除此之外，直播间封面最好与直播主题有所关联，让用户能够一眼看出该直播间的内容。图1-34所示是小红书平台主题明确而精美的直播间封面。

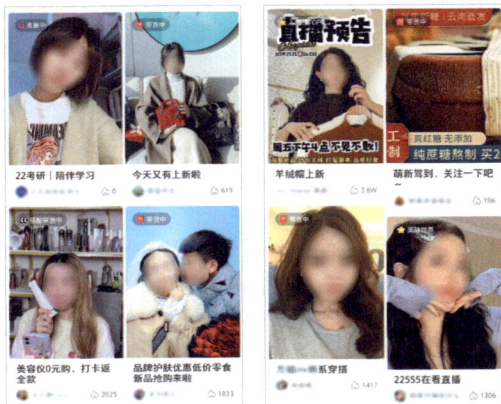

图1-33 "带货"直播为主

图1-34 直播间封面

（3）拉近主播同粉丝的距离

小红书是一个分享社区，因此，基于该平台的直播也具有突出的"分享"功能，即使是"带货"直播也会以分享、介绍优秀产品的形式呈现给用户，而不是纯粹的推销。为了让用户更容易接受产品，运用亲切的话术拉近同粉丝的距离是很好的做法。图1-35所示为某饰品"带货"主播拉近同粉丝距离的做法。该主播以"新人开播，请多多关照"作为直播间的标题，仿佛一位好友在同用户问好，直播过程也同好友闲聊一般，不会让用户产生被推销的感觉，避免用户在观看直播的过程中有负担。

小红书直播就像是"创作者的客厅"，让社区中的创作者借助直播这一媒介同粉丝实时互动，获得更好的分享效果。因为是在"客厅"中与友人对谈，所以使用的语言比较质朴平实，直播氛围也更轻松。图1-36所示为某家居主播在直播中自然地展示家中装潢，这种直播分享既真实又亲切，更容易受到粉丝的喜爱。

（4）注重产品呈现

注重产品呈现是小红书直播的又一特点，这与"带货"直播的兴起有着密切的联系。尤其是一些新入驻的品牌或实体店铺，在前期运营时需要让用户认识、了解产品，以此打造知名度和口碑。产品的具体呈现形式则因产品自身的品类及属性而异，如园艺、食品等即时制作产品通常会向用户展示其制作过程，而服装、饰品等则更注重成品的多方位展示，如图1-37所示。

（5）注重用户感受

小红书的内容逻辑是以生活分享为前提的，直播更是基于社区逻辑赋能创作者与粉丝交流的生态产品。在账号升级过程中仅仅依靠发布笔记难以满足更高的分享要求，小红书直播便成了更优解。

图1-35　拉近同粉丝的距离

图1-36　在直播中展示家中装潢

小红书直播生动、鲜活，能够为用户呈现更加立体的产品，用户通过评论区交流和主播直接对话，主播也能更快地了解用户的所思所想，及时予以应对。因此，注重用户的观看体验，第一时间解决用户在直播中提出的问题，是成为优质主播的一大工作原则。图1-38所示为某服装"带货"直播中，主播在与粉丝互动，近距离展示袖口面料。

图1-37　直播间的产品呈现

图1-38　与粉丝互动

在小红书直播中设置活动和折扣是为了满足用户渴望实惠的消费需求，也是主播对用户观看直播目的的精准把握。相应地，在设置活动折扣时也应当考虑用户的实际需求，令活动折扣更具吸引力，同时不宜将规则设置得过于复杂，避免用户难以领会。图1-39所示为某商家介绍活动折扣的直播画面，该商家在直播背景中对会员办理的活动进行了详细说明，以便用户能够准确理解优惠内容。

（6）涉及品类较为广泛

在过去，小红书中的内容以时尚美妆为主，但随着近年小红书的自我拓展，其涉及的内容日趋多元，热门品类越来越多。这种品类多元化的趋势自然不止体现在小红书笔记上，还体现在新兴的直播内容中。图1-40所示为涉及众多品类的小红书直播。

图1-39　直播间的活动折扣

图1-40　涉及众多品类的小红书直播

1.4　本章小结

本章主要帮助创作者对小红书这个平台建立初步的认识，围绕平台生态，从平台定位与商业模式、运营的特点与模式、内容的类型与特点3个方面对小红书进行了介绍，帮助创作者快速入门，本章小结如图1-41所示。

图1-41　本章小结

第2章

小红书的注册与基础操作

在正式开始小红书运营之前，创作者必须拥有一个自己的小红书账号，并熟悉小红书账号的基础操作。本章将介绍小红书的注册与基础操作，以小红书的界面构成为基础逻辑，帮助创作者了解小红书的基础功能和操作方法。

2.1 小红书账号的注册与认证

小红书账号是运营小红书的基础。可以说，一个有效的账号能让创作者在小红书平台中有立足之地。而一个有效账号的获取不仅需要注册，还要通过认证。本节将围绕小红书账号的注册与认证进行介绍，帮助创作者了解具体流程。

进入小红书的世界——下载、注册并登录

进入小红书世界的第一步是拥有小红书账号。如果没有小红书账号，用户就无法在手机端查看小红书平台丰富多彩的内容，更无法进行笔记发布和互动操作。接下来介绍小红书的下载、账号注册与登录的具体步骤。

图2-1　下载并打开小红书

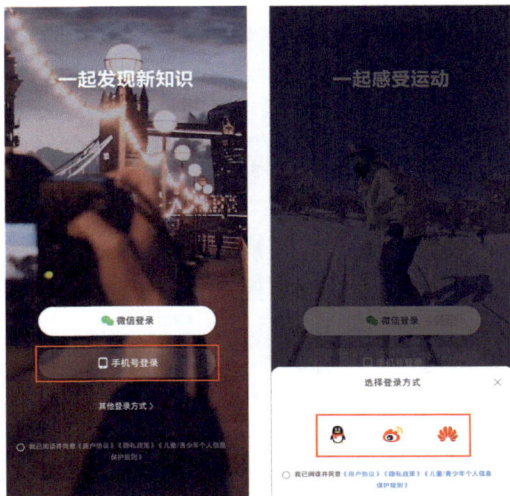

图2-2　选择登录方式

❶ 在应用商城搜索"小红书"，下载并打开，如图2-1所示。

❷ 小红书的登录方式分为通过微信登录、手机号登录和其他方式登录，其他方式登录即通过绑定第三方账号登录。用手机号登录的安全性更高，即使账号被盗用户也可以通过手机号快速找回，因此这里选择手机号登录。点击"手机号登录"按钮即可进入下一步，如图2-2所示。（注意：根据小红书版本及操作系统的不同，登录界面显示可能会有差别。）

❸ 输入手机号码并勾选"我已阅读并同意《用户协议》《隐私政策》《儿童/青少年信息保护规则》"，点击蓝字可以查看协议的具体内容，确认无误后点击"获取验证码"按钮，如图2-3所示。

❹ 收到小红书发送的短信后，将短信中的数字验证码填写至输入框，如图2-4所示。若没有收到验证码，注意检查手机号是否填写无误，60秒后可以点击"重新发送"按钮再次获取验证码。验证码填写正确后系统将自动跳转下一步。

❺ 该手机号如果没有注册过小红书账号，系统将自动跳转至新用户注册界面。在该界面中，用户需要选择性别和年龄。用户需要上下滑动选项以保证信息填写的自主性和真实性，待右上方的"确认"按钮显示为红色时，点击"确认"按钮进入下一步，如图2-5所示。

❻ 在平台提供的内容分类中自主选择至少4项感兴趣的内容，点击"下一步"按钮，如图2-6所示。

❼ 确认是否需要寻找通讯录中的好友信息，如需要则在弹出的权限询问框中点击"始终允许"按钮，小红书将获取相关权限并开始为你寻找通讯录中的好友，不需要则点击"禁止"按钮或"禁止后不再提示"按钮即可进入下一步，如图2-7所示。

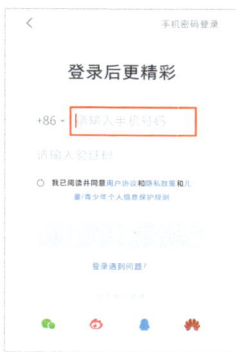

图 2-3　获取验证码

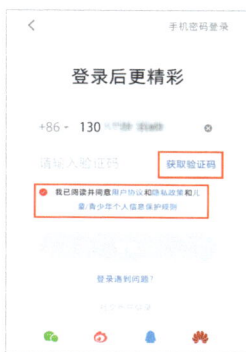

图 2-4　填写验证码

图 2-5　选择性别和年龄

图 2-6　选择兴趣内容

❽ 上传头像并输入昵称，点击"导入微信头像昵称"按钮可以在授权后将微信的头像和昵称同步上传至小红书，确认无误后，点击"完成"按钮即可完成账号的注册，如图2-8所示。

图 2-7 设置权限

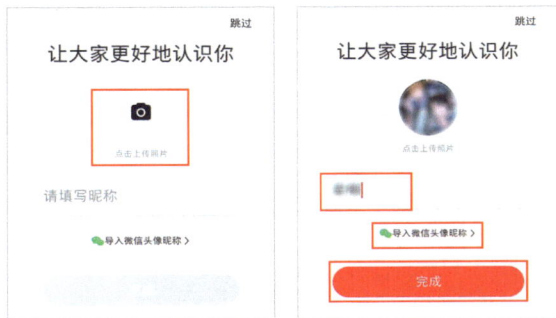

图 2-8 设置头像与昵称

完成身份认证——使用平台功能的前提

　　小红书的身份认证分为实名认证和官方认证两种。实名认证是指用户必须填写真实的个人信息；官方认证则是针对账号的特殊身份的认证，具体分为优质作者认证、机构认证和企业认证3种。只有在完成实名认证后，用户才能使用基础功能，而官方认证则能为用户解锁更多功能和赋予用户专属标识，当然，官方认证的门槛也比较高。

　　实名认证是每位用户都可以完成的，它是用户使用平台功能的前提。接下来为大家介绍完成实名认证的具体步骤。

图 2-9 小红书主页

❶ 在小红书主页点击"⚙"按钮，进入设置界面，如图 2-9 所示。

❷ 点击"账号与安全"按钮，再点击"实名认证"按钮，即可进入"个人实名认证"界面，如图 2-10 所示。

❸ 填写真实姓名和身份号，检查无误后勾选"我同意《实名认证协议》"复选框，点击"提交"按钮即可完成实名认证，如图 2-11 所示。

图 2-10 实名认证入口

图 2-11 "个人实名认证"界面

完善个人信息——透过信息认识你

查看账号的个人信息是用户快速了解账号的途径。用户完善个人信息时可以根据需要自主选择若干项目进行填写，所填写的内容将显示在个人主页中。接下来介绍完善个人信息的具体步骤。

❶ 打开小红书App并登录，点击"我"按钮，再点击"编辑资料"按钮，如图2-12所示，即可进入"编辑资料"界面。

❷ 逐项填写资料，填写完毕后点击"〈"按钮即可自动保存，如图2-13所示。

图2-12　个人信息界面入口　　　　图2-13　编辑资料界面

2.2　小红书的界面与基础功能

认识小红书的基础功能与界面，是有效利用小红书资源的前提。用户对平台的了解越全面，后期进行账号运营与推广才越得心应手。本节将带领用户认识小红书的界面和基础功能。

界面介绍——认识小红书的界面分布

小红书App主要包括五大界面，即"首页""商城"" ＋ ""消息""我"界面，每个界面具有不同的功能，呈现的内容也不同。接下来为大家逐一介绍。

1."首页"界面

小红书的"首页"界面主要用来推送小红书笔记，根据推送逻辑的不同，"首页"界面又可以划分为"关注""发现"和"附近"3个子界面。接下来分别进行介绍。

（1）"关注"界面

"关注"界面主要为用户推送所关注的小红书账号更新的内容，但并不是全部的内容都会显示在该界面中。用户每次刷新界面，系统将智能推送一批关注账号发布的笔记，并按更新时间的先后顺序排列。另外，在"关注"界面的顶部和信息流中，平台将推送关注人最新发布的瞬间动态，点击"◎"按钮可以进入详情界面，发现更多瞬间动态，如图2-14所示。

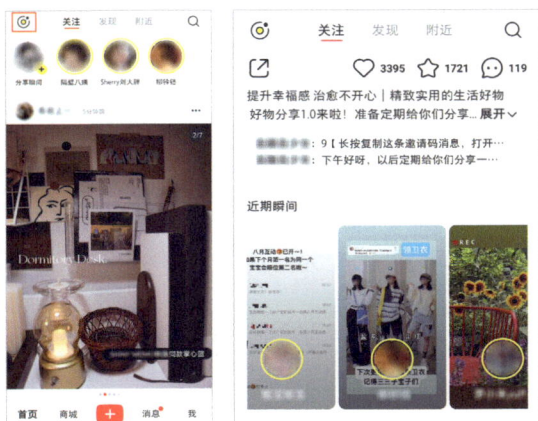

图 2-14　关注界面

瞬间动态是小红书中的一种特殊的内容，具体包括语音、日签、打卡、文字和拍摄（可拍摄图片和视频内容）等形式创作者点击对应按钮即可发布瞬间动态。该界面下方分设附近人的日常、打卡日常、有趣瞬间、心情日签、文字记录共 5 个模块，非关注账号的瞬间动态也将在这里显示，如图 2-15 所示。

图 2-15　瞬间动态

（2）"发现"界面

"发现"界面主要为用户智能推送内容，共分为 32 个频道，分别是推荐、视频、直播、文具手账、Vlog、学习、手工、摄影、绘画、时尚、美甲、发型、音乐、护肤、家居家装、美食、旅行、母婴、彩妆、职场、搞笑、情感、明星、萌娃、汽车、体育、潮鞋、萌宠、游戏、运动健身、科技数码、影视综艺，如图 2-16 所示。添加至"我的频道"的项目将显示在"发现"界面上方的快捷菜单栏里，用户可以自主选择需要添加的频道。推荐、视频和直播 3 个频道固定显示在快捷菜单栏的前三位，用户不能删除或挪动，如图 2-17 所示。

频道主要是根据内容领域和形式的不同进行划分，但推荐、视频和直播这 3 个频道比较特殊，接下来分别详细进行介绍。

推荐频道中是根据用户的使用偏好自动推送的笔记，用户近期内常看的和搜索过的相关笔记都有可能出现在这个界面中。出现的笔记既有可能是"爆文"，也可能是新发布的优质笔记，如图 2-18 所示。

视频频道的推送逻辑同推荐频道类似，但只推送视频内容，这体现了平台对优质视频内容的扶持，如图 2-19 所示。

图 2-16　频道

图 2-17　快捷菜单栏

图 2-18　推荐频道

图 2-19　视频频道

直播频道是小红书为直播专门提供的区域。系统会为用户推送当前正在进行直播的直播间。用户可以在"热门分类"模块中选择对应的兴趣分类，进入相关筛选界面，更快找到感兴趣的直播间，但"热门分类"模块的显示具有随机性，如未显示，用户可以通过刷新使其显示出来，如图 2-20 所示。

图 2-20　直播频道

图 2-21　"附近"界面

图 2-22　"搜索"界面的入口

图 2-23　"商城"首页

图 2-24　"更多"功能选项

图 2-25　"菜单"功能选项

（3）"附近"界面

"附近"界面是根据定位向用户推送同城优质笔记，且每篇笔记的右下方都将显示发布者同用户的实际距离，如图 2-21 所示。

除此之外，用户日常搜索感兴趣的内容也是在首页中完成的。"搜索"界面的入口位于首页右上角，点击"🔍"按钮即可进入，如图 2-22 所示。

2. "商城"界面

"商城"界面是小红书电商功能的体现，用户既可以直接在"商城"界面中寻找感兴趣的店铺或商品，也可以通过点击"带货"笔记或"带货"直播中的商品链接快速跳转到"商城"中。这样缩短了用户从消费决策到实际下单的时间，构建了平台从引流到变现的闭合链条。

图 2-23 所示为"商城"首页，各种品类的商品根据多元化的分类逻辑被划分在不同的分区中，用户可以自行探索。点击首页的"🗒订单"按钮和"🛒购物车"按钮可以查看订单和购物车信息，点击"更多"按钮和"菜单"按钮则可以看到更多选项，如图 2-24 和图 2-25 所示。

3. "➕" 界面

"➕" 界面是用户发布笔记和开启直播的界面。打开小红书后，用户只需点击下方的 "➕" 按钮如图 2-26 所示，即可进入。

除了发布本地图片和视频外，用户还可以通过 "拍视频" 和 "拍照" 来发布新内容，如图 2-27 所示。

直播和影集是两种特殊的发布形式，用户可以在 "➕" 界面完成直播间的各项设置并开始直播，如图 2-28 所示。而影集则是通过在平台提供的内容模板的基础上添加图片、视频素材，快速创作出动态内容，如图 2-29 所示。

图 2-26　发布入口

图 2-27　发布新内容

图 2-28　开始直播

图 2-29　影集

4. "消息" 界面

"消息" 界面是用户管理消息的界面，用户可以在界面上方的对应功能中查看自己获取的赞和收藏、新增关注、评论和@等信息，陌生人消息和官方账号的推送消息也将按接收的时间先后顺序显示在下方，如图 2-30 所示。

在 "消息" 界面中，用户可以向关注用户快速创建私信窗口，还可以同互关用户发起多人聊天。这一功能有助于博主同粉丝进行多样化互动，增强粉丝黏性，建立自己的私域流量。接下来介绍创建多人聊天的具体步骤。

❶ 在 "消息" 界面的右上方，点击 "创建聊天" 按钮，进入 "发私信" 界面，点击右上方的 "多人聊天" 按钮，如图 2-31 所示。

图 2-30　"消息" 界面

图 2-31　创建多人聊天

图 2-32 "选择互关好友"界面

❷ 创建多人聊天时只能选择互关好友，勾选好友账号后点击"完成"按钮即可完成创建，如图 2-32 所示。

❸ 在群聊窗口右上方点击"…"按钮，进入"聊天设置"界面，可以设置群聊名称、群公告、群管理和消息免打扰，如图 2-33 所示。

❹ 在"聊天设置"界面，点击"分享群邀请"按钮，在弹出的窗口中既可以点击对应图标将群聊快速分享给站内好友、微信好友和QQ好友，也可以点击"🔗生成群邀请码"按钮生成邀请码，通过私信将邀请码发送给需要邀请的用户，如图 2-34 所示。

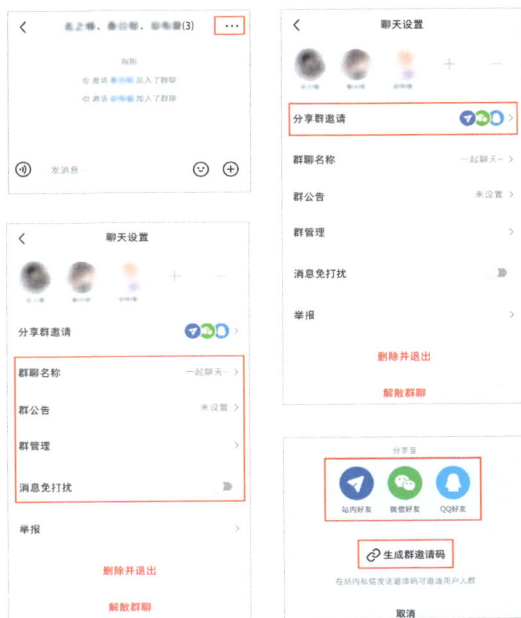

图 2-33 聊天设置

图 2-34 分享群聊

5. "我"界面

"我"界面即小红书的个人主页，上方展示的是账号信息，下方则由用户发布的"笔记""收藏"和"赞过"3 个子界面构成，如图 2-35 所示。

图 2-35 "我"界面

基础功能——小红书的功能界面

虽然小红书的界面整体相当简洁，但其功能十分丰富。小红书的基础功能被隐藏在个人主页中，用户在需要时可以快速查看，但在不使用时它并不会在小红书界面占据太多的位置。这也是小红书为了界面美观而进行的设计。接下来为大家介绍小红书功能界面的入口和重要功能。

1. 功能界面的入口

由于功能界面平时处于折叠状态，很多用户可能并不知道从哪里找到这些功能，甚至有的用户根本不知道小红书具有这些功能。接下来就为大家介绍功能界面的入口。

图 2-36 点击"我"按钮

❶ 打开小红书 App，点击右下角的"我"按钮，进入个人主页，如图 2-36 所示。

❷ 在个人主页界面中，点击左上角的"☰"按钮，将功能界面展开，如图 2-37 所示。

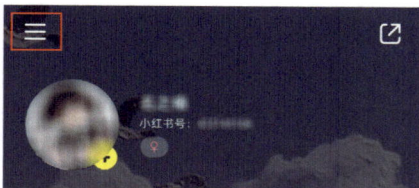

图 2-37 展开功能界面

❸ 图 2-38 所示为小红书的功能详情页，点击需要的功能即可进入对应的详情页。

图 2-38 功能详情页

2. 重要功能

功能界面为用户提供了多项服务功能，包括"发现好友""我的草稿""创作中心""钱包""免流量""好物体验""订单""购物车""卡券""心愿单""小红卡会员""社区公约""设置""帮助与客服""扫一扫"。接下来介绍其中较为重要的几项功能。

（1）我的草稿

用户编辑的笔记草稿将保存在"本地草稿"界面中，如图 2-39 所示。但笔记草稿无法在云端储存，用户卸载 App 后，笔记草稿也将一同被删除。

（2）创作中心

"创作中心"是平台为用户提供的服务中心，用户可以在"创作中心"界面中查看账号数据、使用多种类型的创作服务。创作服务包括但不限于"主播中心""创作学院""创作权益""视频号成长计划""创作学院""笔记灵感"，其旨在为用户提升创作能力、创作优质内容提供保

图 2-39 "本地草稿"界面

障。"创作中心"界面如图2-40所示。

（3）好物体验

"好物体验"是平台为优质用户提供的同商家合作的特定区域。商家将在"好物体验站"中提供需要推广的试用商品，供用户自主挑选并免费申请试用，申请成功后，用户需要在规定时间内就亲身试用体验发布反馈笔记。用户可以通过完善个人信息提升申请试用的通过率。"好物体验站"界面如图2-41所示。

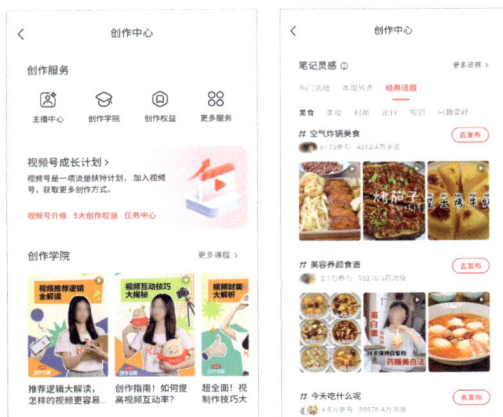

图2-40 "创作中心"界面

（4）心愿单

"心愿单"是用户用于标记感兴趣商品的功能。将商品添加到"心愿单"，用户能够在避免占用购物车存储空间的同时，时刻关注商品价格的变化情况，方便随时购买。用户可以在商品详情页中点击"☆"按钮将商品加入"心愿单"，如图2-42所示。

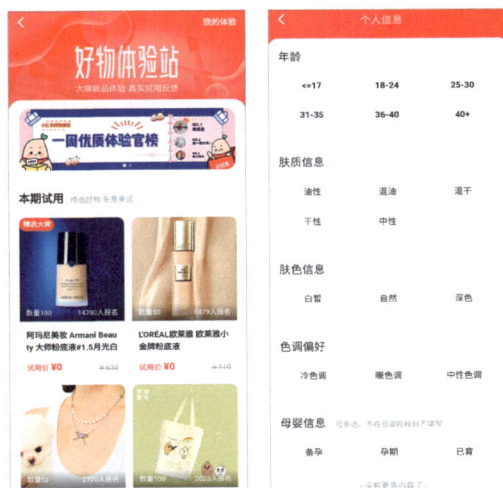

图2-41 "好物体验站"界面

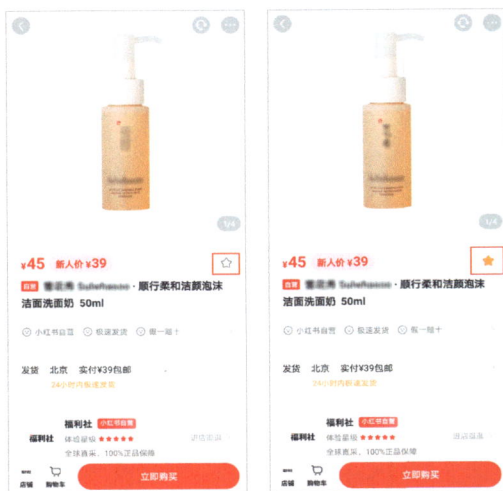

图2-42 将商品加入"心愿单"

常用按钮——按钮的含义和用法

熟悉了小红书的界面和常用功能后，还需要了解一些小红书的常用按钮，它们能优化用户的使用体验。小红书的常用按钮包括点赞按钮、收藏按钮和隐藏按钮，其中点赞按钮和收藏按钮无论是对用户的日常使用还是账号运营而言，都具有重要意义。

1. 点赞

点击笔记下方的"♡"按钮如图2-43所示，可以对笔记点赞。使用点赞功能不仅能增加喜欢的内容的热度，激励创作者，还可以调整平台的算法，让平台更了解用户的偏好，从而提升用户的使用体验。

图 2-43　点赞笔记

2. 收藏

点击笔记下方的"☆"按钮，如图 2-44 所示，可以将一些需要反复查看的优质笔记添加到收藏夹中，以便日后快速查找。

在收藏笔记时，还可以将笔记添加到特定专辑中。将笔记添加到不同专辑，可以实现对收藏笔记的分类，如图 2-45 和图 2-46 所示。

图 2-44　收藏笔记

图 2-45　将笔记加入专辑

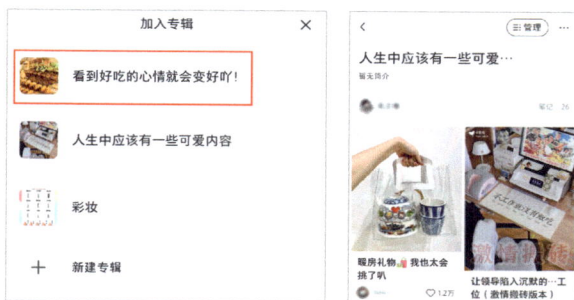

图 2-46　对收藏笔记分类

3. 隐藏按钮

在浏览小红书笔记时，长按笔记会出现一些隐藏的功能按钮，主要是对推送的内容进行优化。在笔记预览界面中，长按笔记可以对不喜欢的笔记和不感兴趣的作者进行"不感兴趣"的反馈，也可以对广告、相似过多、色情低俗、内容不适 4 类内容进行反馈，如图 2-47 所示。

图 2-47　长按笔记出现的隐藏按钮

图 2-48 笔记阅读界面的隐藏按钮

在笔记阅读界面中，用户除了可以表达对笔记或作者不感兴趣外，还可以选择不看与该笔记所属分类相同的笔记，同时，"举报"和"保存到本地相册"的功能也在该界面中，如图 2-48 所示。

2.3　巧妙设置账号信息，为运营铺路

为了让账号更具吸引力，创作者往往要仔细打磨账号信息，使其既彰显个性，又符合定位。其中，最重要的 3 个项目就是用户名称、头像设置和账号介绍。本节就针对这 3 项重要内容，介绍如何设计出为以后的运营铺路的账号信息。

用户名称——取一个让人印象深刻的用户名

用户名称就是小红书账号的用户名，取一个让人印象深刻的用户名能够让曝光量成功转化为有效流量，有利于账号的成长与发展。接下来介绍如何取出让人印象深刻的用户名。

1. 彰显个性

彰显个性是指用户名要体现账号的风格，符合用户为自己打造的人设，人设和用户名互相关联，有助于加深他人对账号的印象。

图 2-49 彰显个性的取名方式

在图 2-49 中，博主主要创作同棉花娃娃相关的内容，该用户还收集了许多棉花娃娃，因此在取名时戏称自己十分"花心"，这就是彰显个性的取名方式，能够将自己同其他博主相区分。用户看到这样的名字后可能会会心一笑，加深对该博主的印象。

简单来说，彰显个性就是要让用户对自己的账号快速建立准确的认识，从而在千千万万个小红书账号中脱颖而出，被用户记住。创作者还可以将自己的性格特点和生活状态融入用户名，比如面向学生群体的账号可以取一些可爱活泼的名字，或是在用户名中加入搞怪元素，结合用户名为自己取一个简单的昵称也能加深用户的记忆，如图 2-50 所示。

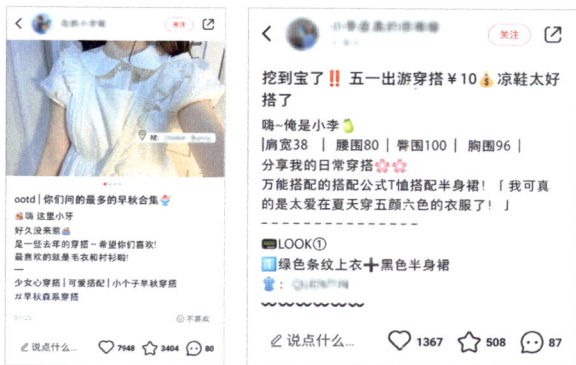

图 2-50　使用昵称

2. 凸显定位

把用户名同笔记内容联系起来，同样可以加深用户对该账号的印象。最直接的做法就是在用户名中凸显定位，让人看到用户名就能联想到账号发布的笔记内容。相应地，用户在该账号主页中浏览感兴趣的笔记时，也能深化对用户名的记忆。

凸显定位的主要方法是在用户名内嵌入同定位相关的关键词，比如美食类账号可以加入"吃""烹饪""饮食"等关键词，探店类账号可以加入"逛吃""在探店"等关键词，如图 2-51 所示。

图 2-51　关键词凸显定位

头像设置——头像的选择技巧

头像是对账号的直观展示，也是用户认识账号的重要渠道。好的头像能够增加用户对账号的兴趣和亲近感，帮助建立账号在用户心中的形象。接下来介绍选择头像的技巧。

1. 内容接近定位

头像也是账号定位的一部分，而且是非常重要的一部分，因为头像是一个直观的图像，它更容易让用户在心中产生感性联想，从而在用户心中完善账号的定位和人设。所以，头像中的内容应尽可能同账号定位产生关联，比如宠物博主可以选择自家宠物的照片作为头像，还有一些露脸的"带货"博主，尤其是专注于视频号或者经常通过发布写真的方式带货的博主，就可以直接使用自己的写真作为头像。

2. 风格符合人设

头像是加深人设的重要一环，那么，在选择头像的风格时，就可以使其同账号的人设尽可能靠近，比如阅读博主可以选择知性风的头像，走高端"带货"路线的博主最好不要选择风格过于活泼、颜色鲜艳的头像，以保持头像同账号人设的高度一致。

3. 美观清晰

选择头像最重要的一点是，一定要美观、清晰。美观即头像应当具有观赏性，能够让用户产生正面的联想，从而让用户对账号形成良好的印象。清晰是小红书平台对图片质量提出的要求，过于模糊的图片也不利于向用户传递有效内容。头像是一扇让账号充分展示自己的橱窗，一定要注意避免模糊、有碍观瞻的情况发生。

4. 避免版权纠纷

创作者要注意避免使用一些未获得版权的商用图片，以免因此产生版权纠纷，这对任何一个自媒体账号而言，都将是一个"污点"事件。口碑和风评需要长期的积累和培养，如果因为选择头像的不谨慎而为账号带来负面影响，就得不偿失了。

账号介绍——点明内容，筛选受众

账号介绍有一定的模板可以参照，接下来列举几项账号介绍中应当出现的内容，创作者可以根据账号的实际需要进行选择和仿写。

图2-52　账号定位

1. 账号定位

在账号介绍的开头，创作者可以用简单明了的语言对账号定位进行介绍，让用户知道账号平时会发布哪些内容，如图2-52所示。

图2-53　引导语

2. 引导语

引导语的内容和形式可以是多样的。格言或是一句可爱的自我介绍都可以成为引导语，但引导语要有引导关注的作用，吸引用户关注，实现粉丝量的增长，如图2-53所示。

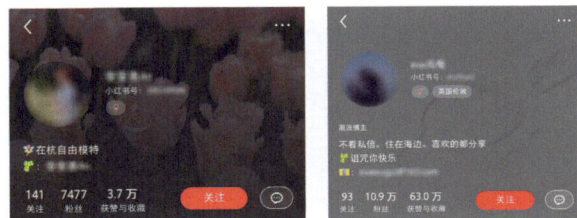

图2-54　联系方式

3. 联系方式

用户可以在小红书上留下自己的联系方式，如图2-54所示。在账号介绍中标注联系方式有两个好处：一是方便洽谈商业合作；二是能够起到引流作用，将在小红书上的粉丝吸引到第三方平台，从而增加全网曝光度。

4. 补充信息

根据账号不同的运营需求，创作者可以在账号简介中补充一些其他信息，让用户更加了解账号，或方便用户使用，比如穿搭类账号填写本人的体重、身高信息，解释评论、私信的回复情况，引导用户使用收藏夹寻找有效内容，等等，这些都属于补充信息的范畴，如图 2-55 所示。

图 2-55　补充信息

2.4　本章小结

本章主要介绍小红书的注册流程和一系列基础操作，帮助创作者完成账号的设立和信息完善工作，并对小红书 App 的界面和基础功能进行了介绍，本章小结如图 2-56 所示。

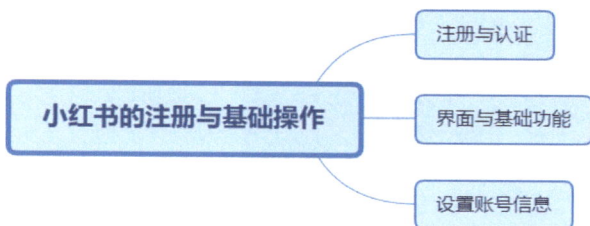

图 2-56　本章小结

第3章

小红书的定位攻略

　　创作者现在已经拥有了自己的小红书账号，但在正式创作和发布笔记之前，首先要弄清楚的一个问题就是，账号的定位是什么。本章将围绕小红书账号的定位进行介绍，详细阐述什么是定位、为什么要定位、如何找到合适的定位，帮助创作者正式开启账号运营之路。

3.1 什么是定位

无论是什么平台，创作者在运营之初首先要考虑的就是账号定位的问题。只有找准了账号的定位，才能为后续的内容创作指明方向。同时，为账号找准定位还有利于规划账号长久的发展策略。本节将带领创作者探讨小红书定位的含义和作用。

定位的含义——账号运营的重要前提

定位是账号运营的基础，是一切工作的前提。具体到小红书这个平台而论，定位可以从 4 个方面理解。

1. IP 和创作者形象

IP（Intellectual Property，知识产权）是目前互联网内容运营中常见的流行词语。IP 主要是指创作者通过创作所拥有的一项知识产权。IP 的表现形式是多种多样的，比如小说、发明和设计等。放在自媒体领域中，IP 也可以简单地看作创作者打造的一个账号，并以账号之名开启一系列商业活动。

对于自媒体账号的运营者而言，给账号定位的过程就是在为 IP 寻找定位。举一个简单的例子，通过发布美食短视频而爆火的账号"日食记"就是一个经典的 IP，其定位与美食相关，从一开始的上传视频收获流量到如今打造的各类延伸产品，都是这一 IP 通过不同形式进行的变现行为，但其围绕的核心依旧是美食，如图 3-1 所示。

对于一些账号而言，定位可以理解为为账号打造一个"人设"，通过给账号运营的创作者贴上一些具有特色的标签，让用户对创作者留下深刻的印象。图 3-2 所示为小红书上某创作者在个人简介中为自己打造的"人设"，这样脸谱化的"人设"可以让用户牢牢记住这个账号，并在心中描摹出创作者的形象，这样有利于创作者获取用户的好感，从长远来看，也更有利于为账号积攒人气。

图 3-1 日食记

图 3-2 打造"人设"

2. 内容领域

内容领域定位就是为创作者选定赛道，在账号运营的圈子中流传着这样一句话"内容做得好，不如赛道选得好。"内容领域决定了账号的受众群体，账号要想长久发展就要有足够多的受众，受众的基数越大，账号可以吸纳的粉丝也就越多。然而，受众基数大也意味着赛道的竞争会越发激烈，因此，如何在受众群体和赛道竞争上取舍也正是账号定位需要考虑的内容。

选定了内容领域，还需要进一步选择账号的垂直领域。垂直领域就是在选择的领域中进行垂直延伸，从而将一个领域细化。举个简单的例子，一个账号定位为美食分享领域，通过垂直延伸可以演变为美食探店、美食制作等领域，如图 3-3 所示。拥有垂直领域可以让账号的特点更鲜明，让账号从"大而全"

图 3-3 垂直延伸

转化为"小而精"。垂直领域分得越细意味着竞争的赛道越多，运营者也就拥有更大成为该领域头部的可能。

3. 创作形式

定位解决的是"做什么内容"这一问题，而这个问题的答案将直接影响创作形式的选择，定位越细致，对创作的要求就越明确。在小红书，创作形式主要分为图文笔记和视频笔记两种，其中视频笔记还可以细分为短视频笔记和长视频笔记。定位不同，适用的创作形式自然也不相同。

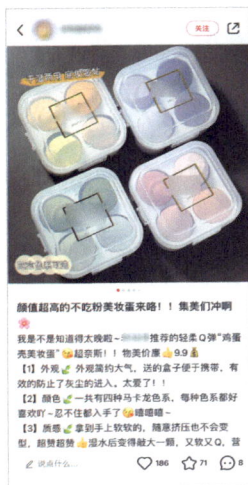

图 3-4 美妆类笔记

通常情况下，如果只是介绍一个或少数产品，图文笔记基本就可以满足创作的需要；而如果需要介绍的产品过多过杂，9张图片难以清楚地呈现所有产品的基本信息，那么创作者就可以考虑以视频笔记的形式进行分享和介绍。一般而言，主要展示静态信息可以选择图文笔记，而需要展现动态过程的定位则选择视频笔记。

如图 3-4 中，同样都是展示美妆蛋，图文笔记针对某品牌美妆蛋的基本属性进行介绍；视频笔记则将使用过程完整地记录了下来，用户能够更加直观地看到产品的使用效果，从而起到"避雷"或"种草"的作用。

4. 创作方向

为了确保较高的推送曝光率，小红书账号应当保持高垂直度，即内容创作围绕着统一的主题进行，这种"主题"也就是账号的定位。图3-5所示的账号就围绕着"宿舍""做饭"进行多样化的创作，时而分享在宿舍可以完成的美食制作方法，时而分享在宿舍可以使用的烹饪器具。在内容多元的前提下，该账号的内容仍然保持了较高的垂直度，如果没有明确的定位是无法做到这一点的。

同时，紧紧围绕定位统一的主题，打造成系列的小红书笔记，这样能够带来热度的连锁反应，一篇"爆文"的产生可能带动多篇同系列笔记的热度上涨，如图3-6所示。

图3-5　高垂直度

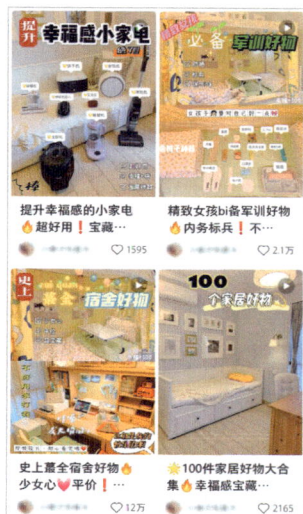

图3-6　系列笔记

定位的作用——打造亮眼的小红书账号

明白了定位是什么，那么定位能够为账号提供什么帮助呢？一定要做定位这项工作吗？答案是肯定的，定位的作用主要可以总结为以下3点。

1. 创作更集中

定位最直接的一个作用就是指导创作。创作者可以以定位为中心不断挖掘相关内容，从而进行一系列的创作。

图3-7所示为某读书博主的创作内容，其从"读书"出发，延伸出了书单分享、读书笔记和书签制作等多项内容，但每项内容都是与"读书"相关的，这正是集中创作的体现。

图3-7　集中创作

2. 特点更突出

有了明确的定位，创作者才能挖掘出自身和定位之间的关联点，在内容创作中注意呈现这些特点，从而就能形成并展现出自己的风格。

图3-8所示为某文化类博主的创作内容，其主要发布自己的手写内容，每篇笔记的图片背景和字迹

图 3-8　特点突出

都保持着高度一致，因此笔记的内容虽然风格各异，既有该创作者摘抄的格言，也有一些网络用语，但这些内容并不影响其突出特点的呈现，用户在阅读其笔记时也不会产生割裂感。

3．市场更明确

精确的定位能够帮助创作者锁定对应的受众，这对后期进行商业变现有着重大的意义。如果一个账号中什么内容都有，即便能够积累大量粉丝，粉丝的构成也是混乱、复杂的，而商家在选择合作对象时，往往倾向于粉丝构成与自己的产品受众相匹配的账号，一个粉丝构成复杂、无序的账号很难受到商家的青睐。

图 3-9 所示为某穿搭博主发布的内容，该账号的定位是"母女穿搭"，所分享的内容也是母亲和女儿能够一起穿着或使用的时尚单品，其受众自然也就非常明确，即能够一起出行、一同搭配穿着的母女。因此，面向女性群体且可使用年龄跨度较大的产品都可以在该账号上进行投放。

图 3-9　市场明确

3.2　小红书账号定位方法

虽然创作者已经理解了定位的含义和作用，但确定定位的过程并不容易，需要经过深思熟虑和多角度的分析。本节将从个人、受众和平台 3 个角度进行指导，帮助创作者找到适合自己的定位。

个人角度——充分发挥个人优势

账号定位是为创作设立的范围和主题，那么确立定位的首要条件就是，创作者具备创作相关内容的能力。因此，确立定位首先要从个人角度出发，创作者可以通过以下 3 种途径寻找适合自己的定位。

1. 个人专业领域

将个人专业领域作为账号定位，可以确保创作者在该领域中创作出优质的内容，并且具有长期挖掘素材、发散题材的能力。

小红书是靠内容优劣决胜负的平台，如果创作者对自己的创作领域缺乏了解，就很难创作出符合平台要求和用户喜好的内容，笔记的质量也会大打折扣；相反，如果创作者选择自己擅长的领域，充分展现自己的优势，那么创作的难度也会降低很多。

图3-10所示为某摄影教程创作者发布的调色教程笔记，要写出这样一篇调色教程笔记有两个先决条件：一是创作者具备一定的拍摄水平，二是创作者具备一定的修图水平。这两个先决条件都是创作者专业能力的体现，如果不满足其中任何一条，笔记的吸引力都会有所下降。

账号运营不是短期的过程，恰恰相反，它需要创作者长期的坚持，创作者必须不断地创作出新的内容，并根据领域的变动和用户的兴趣偏向不断调整创作风格和创作主题，这就对创作者的长期输出能力提出了较高的要求。选择个人专业领域作为账号定位能够为创作者奠定厚积薄发的基础，让创作者更省力。毕竟围绕自己已经有所了解的领域进行创作比从头学习新事物要容易得多，在竞争中也更具优势。

图3-11所示为某阅读博主发布的笔记。该博主将日常阅读中的摘抄和感悟整理成图文笔记，针对想读的书籍整理出书单，随着阅读经验逐渐累积，该博主还创作了相关的阅读经验、购书经验的笔记，使内容创作得以长期延续。

图3-10　调色教程笔记

图3-11　某阅读博主发布的笔记

2. 个人兴趣

个人兴趣可以为内容创作提供长期坚持的动力。在长期的账号运营过程中，创作者需要完成大量重复的基础工作。无论是创作还是寻找新鲜素材，都很容易让创作者产生厌烦心理。因此，在确定定位时，创作者最好选择自己感兴趣的领域，这样在之后的创作与运营中才能"苦中作乐"。

图3-12所示为某美食博主发布的笔记。该博主不仅喜欢各种美食，还喜欢自己动手制

图3-12　某美食博主发布的笔记

作，在制作和享用美食的过程中，该博主不仅通过分享烹饪作品完成了创作这项工作，还能获得成就感和快乐，这也为该博主坚持创作提供了源源不断的动力。

3. 量身打造专属"人设"

量身打造专属"人设"是为了让账号定位更加特别。在小红书中，同一领域可能有成千上万的创作者，如果只是依靠同质化的内容就很难让用户记住自己。

量身打造专属"人设"可以从细化定位入手，在大的领域中挖掘小众区域，从而达到降低竞争压力的目的。图3-13所示为某美食博主创作的内容。美食领域的竞争比较激烈，但该博主从美食领域中选择了"咖啡"这一小类，深耕"手工咖啡制作"这一内容领域，不仅具有个人特色，竞争压力也小了很多。

量身打造专属"人设"更可以创新求变，从展现独特风格入手。创作者可以充分发挥自己的想象力，将自己的特点进行发散，从而打造出让人耳目一新的新奇定位。图3-14所示为某家居博主创作的内容。该博主打破了常规的分享家居装潢的创作主题，而是将自己作为自由职业人的居家日常总结为"喝茶赏花逗猫，翻书抚诗拍画"，从中创作成出一篇篇别具一格的图文笔记，展现了强烈的个人特色。

图3-13 某美食博主创作的内容

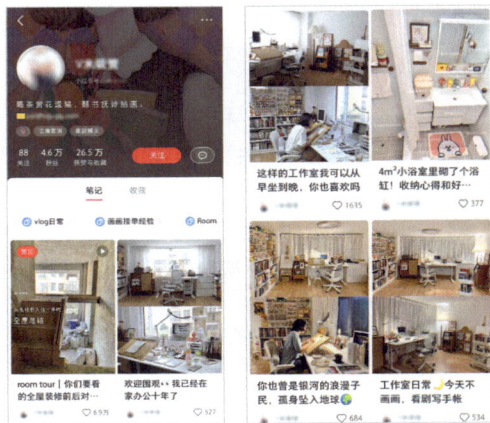

图3-14 某家居博主创作的内容

受众角度——用户需要的才是最好的

创作者必须认识到一点，内容是给受众阅读的，因此内容必须立足于受众的喜好和感受。如果一个内容创作出来不受受众的喜爱，那么对于账号运营的目的来说，这种内容就是没有价值的。定位亦然，确定内容定位，必须考虑受众群体的喜好和真实需要。

1. 把握用户的偏好

小红书的用户以年轻人为主，鲜活生动、热门流行的内容很容易获得用户的喜爱。但这种规律并不是适用于所有地方，创作者在实际运营过程中仍然需要开动脑筋、灵活应变。

比如很多年轻用户在追求时尚的同时还很容易产生一种心态，即特立独行，简单来说就是不愿意和其他人"撞衫""撞款"，由此他们产生了一种特别的需求——"小众""私藏"的店铺或单品，如图3-15所示。

基于用户追求"小众"的心理，很多不为大众熟知的品牌或产品也容易在小红书上受到用户的关注，因为用户在自己的日常生活中很少接触到这些非市场主流的内容，于是当其在小红书上"刷"到这些内容时，就很容易感到新奇、新鲜，进而产生了解、关注的冲动，如图3-16所示。

图3-15 "小众""私藏"的店铺或单品

图3-16 冷门内容

由于小红书强大的"种草"能力，平台上经常出现很多热门的产品或商家，相关讨论也数不胜数，与之而来的还有很多用户对这些产品或商家的质疑。很多用户分不清讨论中哪些声音是真实的，哪些是虚假的，于是针对"网红"店铺、"网红"产品的测评也成为平台的一项热门内容，如图3-17所示。这类内容能够帮助用户鉴别热门评价的真实性，使用户理性"种草"，避免"踩雷"。

图3-17 "网红"店铺测评

2. 考虑用户的需要

小红书账号要想运营变现就要得到广大用户的认可，因此，在定位阶段就要充分地了解用户，对用户信息进行细致的分析，这样才能牢牢把握痛点，打造出吸引用户的内容。下面介绍4种针对用户的具体情况进行定位的方法。

（1）根据用户年龄定位

为了能让小红书账号合理定位，可以从用户年龄入手，了解面向的用户主要属于哪个年龄阶段，用户所处年龄段的不同会带来需求和审美等方面的差异。例如，当下的流行文化会受到年轻人的青睐，但对年龄较大的用户就没有十足的吸引力，年龄较大的用户可能更愿意关注与健康养生相关的内容。图3-18所示的内容就锁定了职场新人这一年龄段的用户，由此发散出了各种类型的内容。

（2）根据用户职业定位

用户的职业不同，关注的领域也不相同，账号定位前可以先参考用户的职业，再来确定要发布什么领域的内容。例如，财经类型的小红书账号就更能引起金融行业从业者的关注，而以教师为职业的用户的关注点更多地放在与教育相关的问题上，如图3-19所示。

图3-18　职场新人主题笔记

图3-19　与职业相关的笔记

（3）根据用户文化水平定位

一个小红书账号要做到"雅俗共赏"是较为困难的，因为不同用户之间的文化水平始终会存在差异。无论是高雅还是通俗都会有其受众，博主要做的就是根据账号的定位和目标群体，以用户能接受的形式将各式各样的内容呈现给用户。图3-20所示就是以初中生为受众的小红书笔记。

（4）其他

除了以上3类常见的定位方法外，创作者还可以灵活应变，根据自己的创作领域和创作对象，考虑用户的实际需求，从而探索出实用性的内容定位。图3-21所示为某穿搭测评博主发布的内容。由于穿着效果会受到不同身材的影响，该博主就以3位身材不同的模特作为参照对象，将同一款衣服由不同身材模特穿出的效果呈现给用户，从而为用户提供了更具实际意义的消费参考。

图3-20　以初中生为受众的小红书笔记

图3-21　不同体型的穿搭测评

平台角度——小红书热门账号类型

账号定位要立足市场，简单来说，就是定位时要从平台用户是否感兴趣的角度来考虑，因此，熟悉平台生态是十分必要的。创作者可以结合热门定位综合考虑，最终探索出适合自己的专属定位。接下来从平台角度出发，介绍小红书中的4类热门账号类型。

1. 信息整理类账号

信息整理类账号主要是为用户搜集当前网络中存在的各类信息，帮助用户省去自行搜集和整合信息的烦琐工作，该类账号具有比较突出的实用性。该类账号常见的创作主题是合集、同类商品总结等，如图3-22所示。

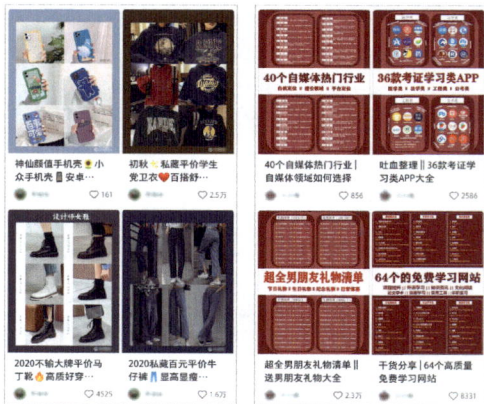

图3-22 信息整理类账号

2. 开箱测评类账号

开箱测评类账号即以分享自身真实购物体验为创作主题的账号。各种领域都离不开购物和消费，因此该类账号涉及的领域也比较广泛。在细化定位时，创作者既可以选择在单一领域深耕内容，也可以选择针对若干相关领域进行综合创作，如图3-23所示。

图3-23 开箱测评类账号

3. 作品展示类账号

作品展示类账号即创作者在账号中分享自己的专业知识或作品的一类账号。此类账号的创作领域主要为人文艺术领域，具体包括常见的绘画、写作、舞蹈等，能够给用户以艺术熏陶或起到知识科普的作用，如图3-24所示。运营这一类账号的通常是特定领域的从业人员、学习者或对该领域具有浓厚兴趣的非专业人员。

除了传统的艺术领域以外，"作品"的概念还可以进一步延伸到手工改造等领域。图3-25所示的笔记中，无论是租房改造，还是制作简单的生活装饰品，都展现了创作者别具一格的艺术创造力和想象力。

图 3-24　人文艺术类账号

图 3-25　手工改造相关的笔记

4."人设"打造类账号

"人设"打造类账号最突出的特点之一就是创作者需要露脸，或者需要打造出一个虚拟形象，总之必须要向用户提供一个清晰、明确的形象，再围绕这个形象进行"人设"打造和深化。该定位常见于独立店主、模特等运营的账号，如图3-26所示。

图 3-26　"人设"打造类账号

3.3　本章小结

本章围绕小红书的定位展开介绍，首先帮助创作者了解定位的含义和作用，明确什么是定位、为什么要定位两个问题，接着就如何确立适合自己的定位这一问题进行了指导，并总结了一些小红书中的热门账号类型，供广大创作者参考，本章小结如图3-27所示。

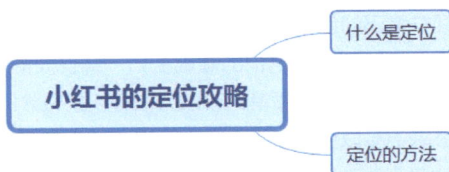

图 3-27　本章小结

第4章

小红书笔记的创作要领

  了解了小红书的笔记类型与特点，明确了小红书账号的内容定位后，下一步就是要学习小红书笔记的创作要领，正式开始笔记创作了。

  小红书的账号运营建立在笔记的基础上，一篇优质的笔记可以为账号带来优质有效的流量，持续地输出优质笔记可以为账号积累有效的流量和忠实的粉丝。

  一篇小红书笔记可以由"图片＋文字"构成，也可以由"视频＋文字"构成。为了增强笔记的吸引力，创作者可以通过文字设计或其他的内容设置来提升笔记的质量，同时还可以添加话题增加笔记的曝光度。

4.1 笔记的发布

小红书是由一篇篇图文笔记起家的，所以图文笔记始终是小红书的主要笔记形式。

制作精良的图片可以直观地展示笔记内容，并且能引起用户的浏览兴趣；有质量、有内容的笔记内容，是使用户停留、产生互动并且持续关注账号的唯一依仗；有趣的话题和高人气的标签，能够为笔记引流并增加曝光度。

本节将帮助大家了解图文笔记，并介绍发布图文笔记的具体操作流程。

图文笔记的构成要素——熟悉笔记的特点

一篇小红书的图文笔记的构成要素有 3 个——标题、图片和文字，并且笔记内容按照图片、标题和文字的顺序展示。

图 4-1　卡片形式推送的图文笔记

小红书中的每一篇图文笔记，通常都是以标题加封面的卡片形式推送给用户的，如图 4-1 所示。图文笔记配图中的第一张图会自动成为笔记的封面。

所以，一篇图文笔记需要设置一个重点明确的标题，以及和标题内容相匹配的精美封面，这样才能在第一时间吸引用户的注意，让用户在快速浏览信息的过程中对笔记的内容产生兴趣。

笔记标题的写作核心是有明确的、贴合笔记内容的重点内容。关于笔记标题的具体写作技巧，笔者会在"4.3　笔记标题的写作技巧"中进行详细讲解。

笔记封面的内容，可以是笔记中介绍的产品的实物展示及使用效果图，如图 4-2 所示；可以是笔记的重点内容或笔记要点，如图 4-3 所示；可以是产品使用或活动实践的前后对比图，如图 4-4 所示；还可以是人物的出镜图，如图 4-5 所示。

图 4-2　实物展示图

图 4-3　笔记要点图

图 4-4　前后对比图

图 4-5　人物出镜图

小红书的图文笔记通常包含多图，配图数量的上限为9张。建议创作者在编辑图文笔记时，配6～9张图片，以丰富笔记内容。

在小红书中发布图片有3个尺寸比例标准——1:1、3:4和4:3，具体显示效果如图4-6、图4-7、图4-8所示。创作者在上传笔记配图前，一定要

图4-6　1:1尺寸图

图4-7　3:4尺寸图

图4-8　4:3尺寸图

把图片裁剪成合适的比例，否则图片的尺寸就会被系统自动调整，容易导致图片显示不完整，影响笔记质量。

在小红书的信息流里，图片往往比文字更能够吸引用户的眼球，所以对图文笔记配图进行适当美化是十分重要的。关于小红书图文笔记的配图创作要领，笔者会在本书的第5章为大家进行详细的分析与讲解。

小红书笔记的内容一定要原创，涉及转载内容一定要处理好内容授权问题。笔记文字部分的内容不宜太多，切忌长篇大论，但是内容一定要有意义、有价值。关于小红书图文笔记中正文部分的写作技巧，笔者在4.3节进行了具体详尽的讲解，可跳转到该部分进行相关内容的阅读。

完成笔记内容的编辑后，创作者可以根据笔记所属的内容领域，@小红书官方的内容运营账号，即被小红书用户亲切地称呼为"官方薯"的账号。

"官方薯"分为两种。

一种是负责小红书中所有笔记与内容的总体类账号，即不管账号运营哪个领域下的内容，都可以关注的官方账号，如"薯队长""薯管家""薯条小助手"等，如图4-9所示。

一种是仅负责限定内容领域笔记与内容的类目账号，这是小红书官方基于"垂直运营"的目的所运营的官方账号，如"生活薯""美妆薯""娱乐薯"等，如图4-10所示。这类账号会发一些自己所属类目下的相关内容或是开展相应活动，以促进该类目内容的发展。

图4-9　总体类官方账号

图4-10　垂直类官方账号

选择主题——什么样的内容更具吸引力

图 4-11 "最热" Vlog 笔记

小红书是一个涉及服装、美妆、旅游、美食探店、家居、学习等多个领域的平台，每个领域都具有巨大的流量。在正式运营小红书账号、编辑小红书笔记之前，博主需要根据自身情况确定笔记涉及的领域，为账号发布的笔记确定一个主题。

建议每一位博主都将自己账号的内容专门化，不要涉及太多的内容领域，而是深耕于一个内容领域，以便持续地吸引优质的内容受众。

博主选定合适的领域后，可以搜索该领域的热门笔记，从笔记内容、用户反馈、重点话题等方面，总结该领域的潮流趋势，从而确定自身发布的笔记的主题。

以 Vlog 为例，在小红书中搜索"Vlog"，从搜索结果中选择"最热"的"图文"笔记，如图 4-11 所示，可以得到"最热"的 Vlog 图文笔记。博主可以根据这些热门笔记，获取该频道的流行趋势。

确定好内容的主题之后，博主可以自己编辑笔记内容，也可以模仿同主题的热门笔记的风格，慢慢建立起自己的专属笔记内容风格。

笔记发布——小红书的笔记发布操作

小红书的笔记发布操作比较简单，下面以图文笔记的发布为例，给大家详细介绍笔记发布的具体流程。

❶ 打开小红书 App，登录小红书账号，进入 App 主页。点击主页下方的"+"，如图 4-12 所示。

❷ 跳转至选择如何发布内容的界面，如图 4-13 所示，可以选择相册里的图片作为图文笔记的配图，也可以直接用手机相机拍摄配图，此处选择相册里的图片。

图 4-12 点击主页下方的"+"

图 4-13 选择如何发布内容的界面

❸ 在相册中选择计划发布的图片（最多只能选择9张图片），如图 4-14 所示，选择完毕后，点击"下一步"。

❹ 根据实际需求，点击"调整"，如图 4-15 所示，可以修改图片大小、比例以及旋转图片的方向。此处的调整如图 4-16 所示。

❺ 发布图片时，可以根据实际需要，利用界面最下方的图片编辑工具栏，对图片进行编辑修改，如图 4-17 所示。博主可以为图片添加滤镜、音乐、标记、文字、贴纸和边框。

❻ 图片编辑完成后，点击图片编辑界面的右上角，进入笔记文字编辑界面，如图 4-18 所示。博主将笔记的标题及正文输入完后，可以点击最下方的"发布笔记"，即可成功发布笔记。编辑文字内容时博主可以根据实际需要加入话题、@用户、添加地点，还可以选择是否将笔记内容保存到相册。

图4-14 选择配图　　　图4-15 调整　　　图4-16 调整内容　　　图4-17 图片编辑工具栏

图4-19所示为编辑完毕的笔记，若是博主需要中断对笔记的编辑，或是想要之后再发布笔记，可以点击笔记编辑界面左下角的"存草稿"，将编辑中的笔记存入草稿箱。

博主可以进入"我"的"笔记"界面，打开"本地草稿"，如图4-20所示，选择笔记草稿，继续进行笔记内容的编辑操作。

图4-18 编辑笔记内容　　　图4-19 编辑完毕的笔记　　　图4-20 本地草稿

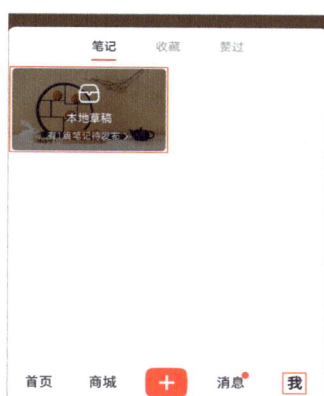

拓展延伸

在编辑笔记文字时，可以查看已编辑好的笔记配图，若是配图数量尚未达到9张的上限，可以继续添加配图。在笔记内容编辑界面，可查看笔记配图，若是对图片不满意，可以选择重新编辑或删除配图。

4.2　策划选题的方法

撰写一篇笔记，首先需要策划笔记选题。选题确定之后，笔记内容就有了大方向和框架，编辑起来就能够更加轻松。

本节将为大家介绍策划小红书笔记选题的方法，从时事热点出发，给用户提供编辑原创主题笔记的思路，以及小红书热门的选题参考，希望可以帮助用户更有效、更轻松地撰写小红书笔记。

时事热点——小红书中的热门话题

小红书中的内容涉及大众生活的方方面面，选题方向众多，如果博主发布一篇围绕热门话题展开的笔记，自然能吸引到很多用户，提高笔记的初始曝光率。

热点话题分为两类，一类是平台上本身比较火的传统话题，一类是结合当下社会热点新闻和潮流趋势出现的一些新兴话题，这两类话题都可以吸引到平台的大多数受众。了解小红书中的热门话题，可以帮助博主在运营账号时更加准确、有效地进行账号定位及后续的内容运营。

正如前文所说，小红书的用户主要是年轻用户，所以其平台内传统的热门话题多与年轻用户感兴趣的内容息息相关。具体的内容，笔者将会在本节的第四部分"选题参考——小红书的热门选题分析"中进行详细的说明。

新兴话题在小红书中的内容裂变主要与生活娱乐方面的内容有关，这是受到了小红书的用户结构成分的影响。这类内容可以是某个当下正在热播的综艺节目或是影视作品，也可以是在其他社交媒体上催生的新话题。

比如曾在某电视平台热播的综艺《乘风破浪的姐姐》就成为当时小红书中众多内容的话题"缪斯"，其中以年轻都市女性最为关注的时尚类话题为主，如图4-21、图4-22所示。小红书的运营者，可以通过创作有关《乘风破浪的姐姐》的妆容、发型、服饰等内容分享与教程，使笔记吸引喜欢该节目的用户，从而出现在节目的相关搜索内容中，得到由节目所带来的巨大流量与关注。

作为小红书账号的运营者，想要能够及时把握热门话题进行笔记创作，必须要具有一定的热点敏锐度，不能闭目塞听。运营者不光要洞察小红书的内容平台和机制，还需要通过其他的互联网社交平台，深入了解互联网各个圈层的用户，全面了解实时的互联网热点。

另外，热点内容的笔记有时效性，这要求博主有一个规律性地查看互联网多平台的热搜词条的习惯，建议博主每天或每周在固定时段查看相关内容。

图4-21　时尚类话题笔记示例1

图4-22　时尚类话题笔记示例2

提示

一篇笔记可以涉及多个主题，可以将笔记拆分为几部分，对应多个话题；也可以将几个热门话题有机结合在一起，进行全新话题的阐述。

热点延伸——站在不同的立足点

我们当前处在信息高速传播的互联网时代，世界各地的热点资讯时刻都被上传至互联网并进行传播，这是博主不竭创作的灵感之泉。

除了直接从各热门话题中选择笔记主题，博主还可以站在不同的立足点，由点及面，发散性地有机结合热点主题和账号核心定位，从热点中延伸出多样化的、具有吸引力的话题。只要博主能够把握用户的需求和关注点，就可以从中寻找到创作优质笔记的无限灵感。

简而言之，博主可以从延伸热点的角度确立笔记选题，但是该类选题的成功要求博主能够从时事热点、账号定位、需求用户3个维度综合考虑，从而寻求到一个选题内容的最优解。

虽然面对同一时事热点，但运营不同内容定位的账号的博主应该站在不同的立足点考虑笔记的选题，比如《乘风破浪的姐姐》这一现象级"爆款"节目，带给美妆类博主、个人成长类博主的笔记话题导向是截然不同的。

美妆类博主能够利用节目内容，将笔记内容延伸至女性面部的整体特色妆容，如图4-23所示；也可以将笔记主题拓展至其他美妆领域的产品类目中进行内容创作，比如口红、美瞳等，如图4-24所示。个人成长类博主能够对节目的主题精神进行提炼升华，并将"乘风破浪"的人生主题与女性个体成长相结合，如图4-25所示。

博主若是对时事热点的延伸方向与角度感到无从下手，可以尝试以下4种延伸角度，从而理清思路，找到选题方向。

图4-23　妆容笔记示例　　图4-24　美瞳笔记示例　　图4-25　个人成长笔记示例

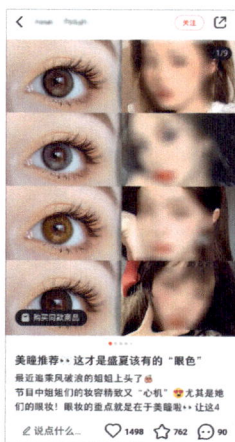

1. 正面延伸

从时事热点的正面进行话题延伸，即从大多数人的思维角度出发去分析热点，并从中选择贴合账号定位的笔记选题。这类笔记的内容导向有泛大众化的特点，容易被大众接受，所以大部分常规的热点延伸选题都属于这一类型。

例如以"端午节"为时事热点延伸笔记的话题内容，手作博主可以利用端午佳节常见的粽叶为素材制作手工作品，如图4-26所示；摄影博主或是育儿博主可以利用端午祝福和粽子为主体进行影像拍摄，如图4-27所示；美食博主可以利用端午节的热度制作与端午佳节有关的创意料理，如图4-28所示。

图4-26 手作博主

图4-27 摄影博主

图4-28 美食博主

图4-29 极繁生活的
笔记示例

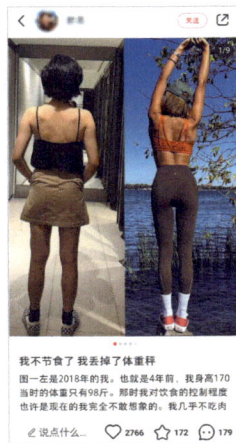

图4-30 摆脱身材焦虑的
笔记示例

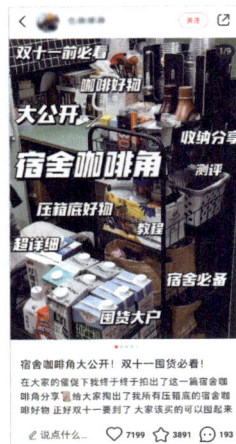

图4-31 生活领域笔记
示例

2. 逆向延伸

逆向延伸是指利用逆向思维，以独特且新颖的角度挖掘时事热点，并结合账号定位进行延伸。这类选题在内容上能够激起读者的好奇心，往往更容易写出新意，得到意料之外的关注与讨论。

例如时下非常流行的极简生活方式和减肥话题，都是小红书中的热点内容。博主可以从热点出发，运用逆向思维，挖掘新的笔记主题。极简的生活方式可以引申出极繁的生活方式，给生活领域博主带来新的写作主题，如图4-29所示。从减肥话题中也可以延伸出摆脱身材焦虑的主题，如图4-30所示。

3. 热点叠加

虽说热点自带流量，但用户并不一定会对博主所选择的热点内容或角度产生兴趣，如果博主把最近的热点进行有机结合，可能就会在增加笔记曝光度的同时，扩大笔记的潜在受众和目标人群范围，从而提高笔记的阅读量与互动数。

比如生活领域的博主可以将平时的生活好物与采购途径，结合当下热门的网购促销进行笔记的创作。图4-31所示的图文笔记就巧妙地叠加了"双十一""宿舍""咖啡""生活好物"等小红书用户普遍关注的热门内容，为笔记争取到了尽可能多的天然流量。

4. 全面总结

除了延伸拓展某一热点话题外，博主可以汇总较长时间段内的社会热点内容进行分析，从多个角度阐释热点产生的规律和趋势，以及热点背后的深层原因。即使该内容不能成为笔记的创作选题，也可以为笔记创作提供一些思考方向。

例如，考研干货很受时下各个年龄段考学人群的欢迎，这类学习类干货的受众非常广，而且可发挥的空间比较大，博主可以由此延伸出某一门学科的学习干货（如图4-32所示）、某一个考试备考的时间安排（如图4-33所示）、某一时期的考试生活分享（如图4-34所示）等内容。该类笔记在每年的开学季或是考试的备考初期，都会得到众多考生用户的关注。

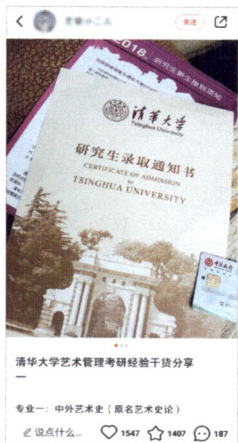

图4-32 学习"干货"

图4-33 时间安排

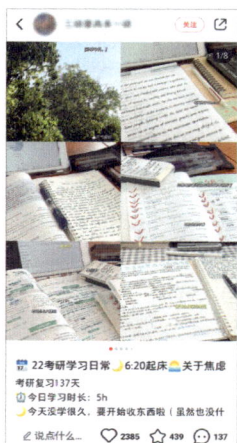

图4-34 考试生活分享

提示

博主在延伸热点时，一定要换位思考。从账号粉丝和平台用户的角度思考，用户在小红书中想要浏览的内容是什么，由需求出发创作内容，甚至可以从潜在需求出发，创造新的热点。

原创选题——创作有个性的小红书笔记

在创作相关内容时，一定要避免同质化内容的持续产出，争取创作有个性的小红书笔记。一味地追逐潮流热点容易使账号内容没有深度，并且会和其他账号发生内容"撞车"事件。

博主在根据热点话题或本身账号定位产生了创作灵感，有了几个大致的写作方向后，可以在小红书中搜索相关词条，通过搜索框下方推荐的关联词条，查看具体内容。这样在寻找更多写作素材的同时，可以有一定的参考，以帮助博主确定笔记选题。

比如，博主想根据目前十分火爆的盲盒话题，写一篇小红书笔记，但还不明确具体的选题。博主可以在小红书中以"盲盒"为关键词进行搜索，查看相关词条和话题，如图4-35所示。

这些关联词条涉及的内容与方向多样，既有盲盒的分享与推荐，又有盲盒的开箱与收纳，还有盲盒DIY、盲盒设计以及盲盒抽奖等相关内容。搜索出的关联词条的排名越靠前，其热度越高。

查看完搜索出的关联词条后，博主还可以点击感兴趣的关联词条，

图4-35 盲盒关联词条和话题

查看点赞数较多的笔记以什么为切入点，将此作为写作参考。比如博主看到了一篇展示盲盒DIY成果的热门笔记，就可以展示其他款式盲盒的DIY成果，也可以发挥自己的创意，选择不同的方式和材料，制作一个盲盒DIY教程，还可以以盲盒的DIY素材为内容，做一个同款盲盒使用不同素材DIY的效果对比笔记等。

如果博主点击排名比较靠前的关联词条，查看其中的笔记内容，发现相关笔记的热度不是很高，内容相关性不是很强，这就说明小红书用户虽然对该话题有很大的兴趣和很高的关注度，但是创作相关内容的账号不多，由此可见该词条的相关内容存在很大的缺口。这种内容的缺口就恰好可以为博主进行原创选题写作提供思考方向。

如果博主可以在一个有热度但是内容稀缺的领域中创作一些优质笔记，就很有可能在该领域拥有很高的人气；满足众多用户的需求后，还能为账号收获很好的口碑。具体的确定选题的方法有以下几种。

1. 根据目标人群定选题

根据目标人群确定的选题内容，是指根据目标人群的具体需求，输出对应的内容。比如美妆护肤类的内容可以根据不同肤质的群体进行话题的定向创作。

博主在编排针对目标人群的选题内容时，应该在笔记的文字编辑部分体现目标人群，并且注意关键词的复现，如图4-36、图4-37、图4-38所示。

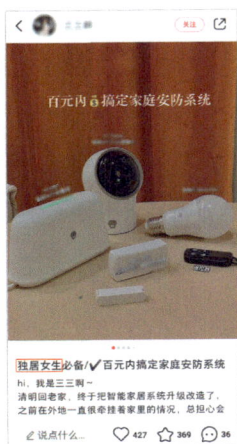

图4-36 关键词复现笔记示例1

图4-37 关键词复现笔记示例2

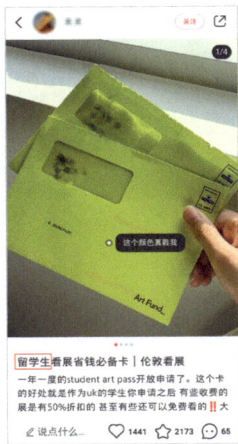

图4-38 关键词复现笔记示例3

2. 根据生活趋势定选题

除了可以从当下的热门话题中明确了解到目标用户群体的痛点以外，博主还可以从年轻一代的消费态度、生活方式、精神需求等方面去挖掘内容选题。

比如"断舍离"的生活方式和"消费降级"的消费态度，都是在当下年轻一代中受到欢迎与关注的内容。在小红书中，这类内容也有自己的一席之地，如图4-39、图4-40所示。

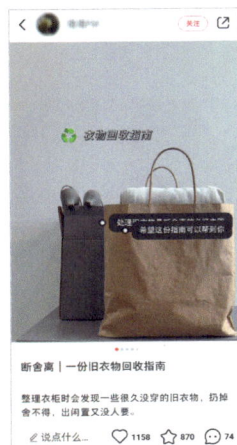

图4-39 断舍离笔记

图4-40 消费降级笔记

选题参考——小红书的热门选题分析

笔者在这里给大家列举5类小红书的传统话题及新兴话题，基本上涵盖了目前所有的热门话题领域。希望这几类热门选题的分析示例能够帮助大家进行实际的选题分析操作与应用。

1. 时尚类话题

前文为大家介绍小红书的发展史时就提到过，小红书最初是一个分享海外美妆个沪等的购物经验的互联网平台，并且用户画像显示，其大部分用户都是具有消费能力的年轻女性，所以时尚类话题始终是小红书的传统热门话题。

其中最具代表性的有彩妆、护肤和穿搭等内容的笔记。另外，随着众多明星"网红"入驻小红书，进行互联网内容运营，明星同款的时尚类话题也是一个热度居高不下的话题。

（1）彩妆

小红书的彩妆话题中，主要以彩妆产品的试色、推荐、创意、使用教程、购物分享及品牌介绍为主，图4-41、图4-42、图4-43所示便是彩妆话题中的热门笔记。

将彩妆类笔记作为时尚类话题的热门选题进行分析，主要可以延伸出妆容类彩妆笔记、产品推荐类彩妆笔记、创意类彩妆笔记这三大选题方向。

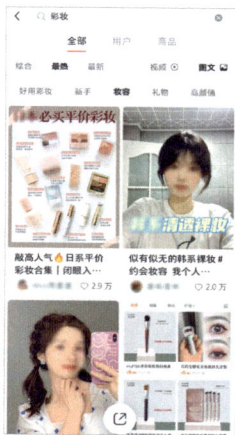

图4-41　妆容类彩妆笔记　　图4-42　创意类彩妆笔记　　图4-43　推荐类彩妆笔记

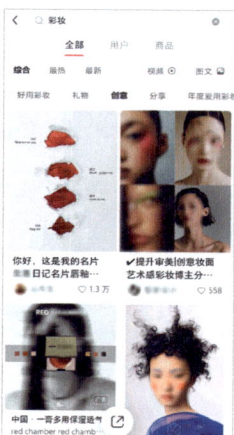

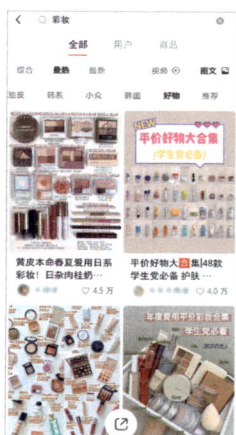

■ 妆容类彩妆笔记

妆容类彩妆笔主要分为3种，一是明星名人或影视角色的仿妆创作类笔记，二是根据特定场景或季节来创作的彩妆妆容笔记，三是彩妆产品的试色笔记。

仿妆创作类笔记追求的是相似性，如图4-44所示，所以创作该类笔记要求博主在彩妆经验丰富的同时，也要拥有更多的美妆技巧和使用创意，所以创作难度更高。另外，仿妆创作类笔记本身的模仿对象就具有一定的人气基础，导致该类笔记的人气会更高，浏览量和点赞数会更高。如果笔记内容和妆容的操作步骤清晰详尽，还能获得很高的收藏量。

以特定场景或季节为主题的彩妆，可以选择具有普适性和实用性的主题，比如以"求职面试妆容""伪素颜妆"等作为关键词的妆容教程就十分符合广大年轻女性的日常化妆需求。只要保证笔记内容的高质量，就能够获得很高的热度。

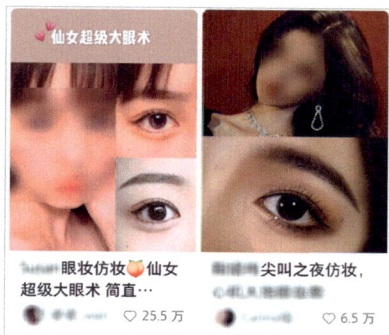

图4-44　仿妆创作类笔记

彩妆产品的试色笔记以某些或某类彩妆单品的实际使用效果为主要创作内容。这类笔记能够借助热门的彩妆单品和彩妆品牌获得较高的热度，并且只需要表现上妆后的局部效果，所以创作难度相对没有上述两类笔记那么高。

图4-45　古风创意彩妆

图4-46　时尚创意彩妆

■ **产品推荐类彩妆笔记**

　　该类主题笔记可以从产品的实用性、价格、多样化用途、受欢迎程度等方面入手，进一步缩小笔记的主题范围，比如可以围绕"平价"关键词创作一篇价格实惠、实际上妆效果不俗的彩妆产品推荐笔记。

■ **创意类彩妆笔记**

　　以创意类彩妆为主题的彩妆笔记主要根据某种风格或用途进行创作，适用于特定情境或纯作妆容分享，比如以"古风""时尚"等为关键词的创意彩妆，如图4-45、图4-46所示。

■ **拓展延伸**

　　彩妆笔记由于涉及彩妆产品的使用体验和推荐的内容，博主比较容易接到品牌或商家投放的广告，因此有很多机会能够直接进行流量变现，但前提是账号的曝光度足够高。同时，账号的定位与个性标签深刻影响着博主变现的水平、合作品牌的等级。

（2）护肤

护肤比起彩妆更加具有普适性，所以其受众会比彩妆笔记受众更加庞大，是小红书上非常热门的话题。小红书的护肤话题的内容，主要为护肤产品的使用教程、好物分享及品牌介绍，同时还包括一些护肤知识，图4-47、图4-48、图4-49所示为护肤话题中的热门笔记。

护肤类笔记可以是关于某一皮肤状况的处理流程介绍与分享，比如去除脸上痘印的方式，也可以是某一类功能产品的综合测评，比如针对美白淡斑类护肤品的总结。

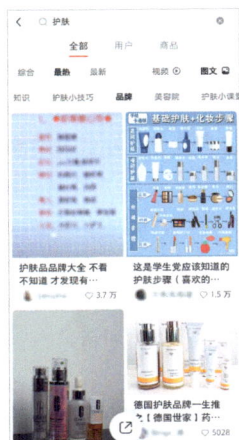

图4-47　品牌类护肤笔记

图4-48　知识类护肤笔记

图4-49　推荐类护肤笔记

（3）穿搭

穿搭话题一直是时尚内容的主力军。在小红书中，穿搭也是热门话题，它包含很多服装品类的内容，并且自带引领潮流的天然流量。

穿搭类笔记分为搭配示例和搭配干货两大类。搭配示例包括有服装单品内容和整体搭配内容两项，主要是根据特定的穿搭场景或季节，为用户提供穿衣搭配的主题和风格示例，为用户带去穿搭示范和灵感，如图4-50、图4-51、图4-52所示。

图4-50　季节性穿搭

图4-51　主题风格穿搭

图4-52　技巧类穿搭

博主可以将账号内容个性化，进一步精确创作主题，如缩小穿搭的适用群体，这样可以帮助账号精准锁定有需求的用户，有针对性地提供穿搭模板，使得笔记内容更具有参考性，持续地吸引有效用户，帮助账号变现。

比如秋冬穿搭，可以进一步精确为"155～160cm小个子秋冬穿搭""通勤秋冬穿搭""梨形身材秋冬穿搭"等更细致的主题内容，如图4-53、图4-54所示。

图4-53　小个子秋冬穿搭

图4-54　通勤秋冬穿搭

2. 生活类话题

许多用户在使用小红书时，经常会看到一些博主将自己的生活记录下来并分享至平台。小红书中推荐率比较高的生活类话题主要有旅行、美食、探店、家居和生活日常等。

（1）旅行

旅行话题是生活类话题中的热门内容。这类话题的创作素材主要来源于景点或城市的出行攻略、出游经历和旅行感受。在小红书中，点赞量最高的旅行类笔记是旅行干货攻略和旅途记录，有的笔记会侧重于吃喝玩乐等方面的行程安排，有的笔记会侧重于主题旅行的汇总等，如图4-55、图4-56所示。

（2）美食

在小红书中，美食话题的主要内容是美食制作教程。虽然此类笔记的主题不多，但是美食本身具有的多样性使得美食话题的内容丰富多彩，并且该类笔记普遍拥有较高的热度。

美食制作教程方面，主要有家常菜的制作、早餐的制作和菜谱汇总等内容，如图4-57、图4-58、图4-59所示。

（3）探店

探店类笔记与旅行类笔记有一定的同质性，也是描写出行体验，分享出行感受，以供其他用户进行行程参考的笔记。博主可以在居住地进行多样化的探店内容输出，也可以在旅行时寻找有特色、优质的店铺进行探店体验分享。

探店类笔记涉及的店铺类型不受限制，所以选题内容十分广泛，但是行文方向比较受限。在创作该类选题的图文笔记时，博主应该注意以展示店内环境或产品，分享个人探店经验为核心，如图4-59所示。

（4）家居

当代年轻人重视生活质量，即使租房也愿意装修改善居住空间，所以家具主题笔记是当下生活类话题中的"明星话题"。该话题主要以摆件分享、好物推荐、装修等内容为主，如图4-60、图4-61、图4-62所示。

图4-55　旅行行程安排类笔记

图4-56　主题旅行汇总类笔记

图4-57　家常菜制作类笔记

图4-58　早餐制作类笔记

图4-59　菜谱汇总类笔记

图4-60　摆件分享类笔记

图4-61　好物推荐类笔记

图4-62　装修类笔记

（5）生活日常

生活日常这一话题具有比较强的兼容性，除了能够与其他话题有机结合外，其本身涵盖的范畴就十分广阔。在小红书上，生活日常话题下的笔记主要是一些日常Plog和生活分享，如图4-63所示。

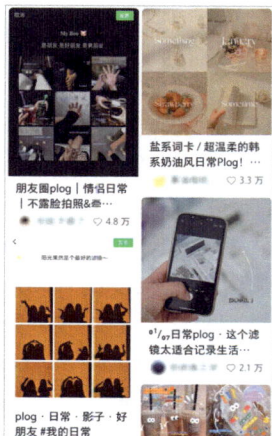

図4-63　生活日常类笔记

> **拓展延伸**
>
> Plog（Photo Blog），指以图片以及照片的形式记录日常生活。

3. 知识类话题

现如今，越来越多的互联网用户选择在社交平台中输出知识，和更多的人进行知识交流，也有越来越多的用户，选择在社交平台上搜索需要的知识。在小红书中，知识类话题笔记主要包括绘画、摄影、手工制作和技能干货四大类。

（1）绘画

绘画话题的笔记主要包括绘画工具介绍、绘画教程以及绘画作品分享等，如图4-64、图4-65、图4-66所示。简单的绘画教程和绘画工具介绍是比较受用户青睐的实践类内容。

这类笔记通常有比较详细的操作步骤与内容讲解，具有一定的可操作性，会得到很多对绘画感兴趣的小红书用户的支持与喜爱。

（2）摄影

摄影话题在小红书的热度也是十分可观的。摄影类笔记主要包括摄影作品分享、摄影教程分享、摄影参数分享以及后期调色分享等，如图4-67、图4-68所示。

图4-64　绘画工具介绍笔记

图4-65　绘画教程笔记

图4-66　绘画作品分享笔记

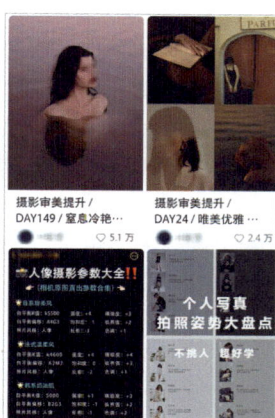

图4-67　摄影类笔记

这类笔记的选题是围绕实践性较强的摄影知识进行延伸的，其内容具有很强的实用性。一篇内容简单易懂、容易学习操作的笔记，能够有效地帮助用户解决问题，从而能够轻易获得用户的点赞、互动与收藏。

（3）手工制作

手工制作话题的笔记包括但不限于陶艺作品、黏土作品、创意DIY作品等手工艺品的制作，如图4-69、图4-70、图4-71所示。不过，虽然手工制作的内容丰富，但是建议博主选定一个最擅长的手工领域进行专门的内容创作，这样有助于固定账号定位和内容受众。

手工制作话题的题材丰富，具有操作性、审美性、参与性和趣味性，即便只是常规的手工艺品展示，也能带给用户美的享受，并且往往能给用户提供生活巧思和愉悦感。因此，该类笔记中的优质内容常常会收获许多用户的喜爱。

图4-68　摄影类笔记

图4-69　陶艺类手作笔记

图4-70　黏土类手作笔记

图4-71　创意DIY类手作笔记

（4）技能干货

图4-72　时间规划类笔记

图4-73　学习方法类笔记

技能干货话题包括时间规划、学习方法、素材干货等相关的经验分享或教程，如图4-72、图4-73、图4-74所示。

如果博主具有一定的理论知识基础，可以从分享理论的角度入手，但是不建议专门做该类内容。博主可以根据亲身经历，总结学习方法、时间规划方法、学习成果，由此进行笔记的创作，并且辅以学习方法、时间规划类理论知识，丰富账号的内容。

例如将"读书"作为账号定位的博主，可以衍生出"读书笔记""书单推荐""读书笔记方法论"等图文笔记的创作选题，如图4-75、图4-76和图4-77所示。

| 图4-74　作文素材干货 | 图4-75　读书笔记 | 图4-76　书单推荐 | 图4-77　读书笔记方法论 |

4．娱乐影音类话题

互联网是现代人最主要的生活娱乐工具之一，各大社交网络平台上，流量最大的领域通常包含娱乐影音类内容。浏览娱乐影音话题不需要过于集中精神、耗费脑力，能够帮助用户休闲放松，因此受到了广大用户的欢迎。娱乐影音类话题包含以下两类话题。

（1）音乐分享

音乐分享类笔记主要是介绍多种主题的音乐歌单，如图4-78所示。音乐主题和曲风的区分与整理需要博主具有良好的音乐品味和一定的听歌量，这与笔记的最终质量是成正比的。

（2）影视作品分享

影视作品分享话题在小红书中不算热门，笔记内容也不算丰富，但由于许多影视作品本身有一定的热度，因此这类话题的笔记比较容易获得曝光。

这类话题的笔记通常以视频笔记为主，大多是对影视作品中的各种桥段进行剪辑。博主可以直接选取热门作品或热门桥段，也可以从冷门作品中寻找亮点剧情，挖掘一些素材，再结合当下热点进行创作。

该类话题的笔记主要针对某个影视题材进行简单的影视作品推荐，如图4-79、图4-80所示。

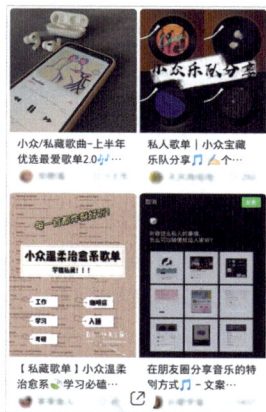

| 图4-78　音乐分享类笔记 | 图4-79　影视作品类电视剧推荐笔记 | 图4-80　影视作品类动画推荐笔记 |

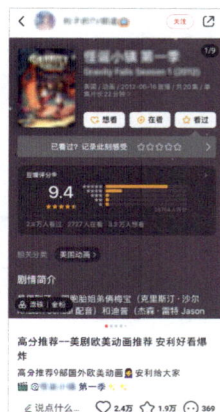

5. 科技类话题

科技类话题也是小红书用户所关注的一类话题，包括但不限于数码产品、科学实验和知识科普等类别。

（1）数码产品

数码产品话题主要聚焦于一些具体的电子产品，如手机、电脑、数码相机等。可行的选题包括资讯整理、开箱试用、功能介绍和巧妙用法等，以干货输出为主，如图4-81、图4-82、图4-83所示。

（2）科学实验

科学实验话题可以向生活科学和专业科学两个方向延展。图4-84、图4-85、图4-86所示的科学实验笔记都是生活中的科学实验，主要内容包括实验进程的记录、实验操作步骤的分享以及各类生活中可操作的科学实验的分享。

图4-81　相机选购类笔记　　图4-82　相机使用分享 　　图4-83　笔记本电脑类 　　图4-84　科学实验的记
　　　　　　　　　　　　　　　　　　类笔记 　　　　　　　　　笔记 　　　　　　　　　　录笔记

博主在进行该类话题的笔记创作及内容编排时，应该将做科学实验所需的材料工具、实验进程的详细情况记录到位，以帮助其他用户更好地理解笔记内容。如果是某项科学实验的观察记录与分享，博主可以根据实际需要，创建一个笔记合辑，在一定的时间段内进行实验进程的连载分享。

（3）知识科普

在小红书中，知识科普类话题也备受关注，科普的内容可以涉及各个领域，不过最主要的还是日常生活中大众常常接触的领域，如烘焙知识、茶艺知识等，如图4-87、图4-88所示。

在进行该类话题的笔记创作时，博主需要细致严谨，尽量避免笔记内容有误，以免产生内容纷争，影响账号的长久运营。

注意，不管选用何种话题进行笔记创作，账号所发布的内容应该始终以所运营账号的定位作为核心，不要偏离账号定位，否则不仅容易让系统混淆账号的定位，不能有效地进行笔记推送，还可能使已有粉丝因为账号内容范围的改变而取消关注账号。

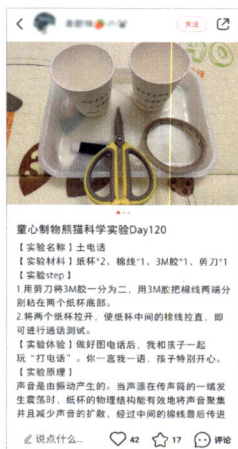

图 4-85 科学实验的操作笔记

图 4-86 科学实验的介绍笔记

图 4-87 烘焙知识科普笔记

图 4-88 茶艺知识科普笔记

提示

　　热门笔记在自带用户流量的同时，同质化竞争也比较严重。一篇笔记要想获得高热度不难，但要想在一众高热度笔记中脱颖而出，得到用户的认可，收获用户持久的关注与支持，就需要博主更加用心地打磨内容，展现笔记特色，打造账号的记忆点与个性化标签。

4.3　笔记标题的写作技巧

　　本节围绕"笔记标题的写作技巧"，简述标题的重要性及写作原则，给大家提供几点通过标题增强笔记吸引力的技巧，并为大家盘点了小红书热门标题类型，希望能够给大家撰写小红书标题时提供一定的帮助。

标题的重要性——话题概况，精准"吸睛"

　　标题是用户在浏览笔记时第一时间注意到的内容，它是小红书笔记传达给用户的"第一印象"，因此，标题是用户了解笔记内容的重要来源之一。所以，打造出一个重点突出且极具吸引力的标题，对一篇小红书笔记的重要性不言而喻。

　　在小红书中，每篇笔记的标题至多可写 20 个字，但笔记在小红书内推送或是显示在搜索界面中时，最多只能显示 17 个字，用户只有点击笔记打开详情界面时才能查看笔记标题第 17 个字后的全部内容。

　　因此，博主在编辑笔记标题时，需要将笔记标题尽量控制在 17 个字内。在有限的字数内，博主需要标明笔记的重点内容，所以建议博主依据与关键词的关联程度或热门程度来决定关键词的显示优先程度，并且尽可能将笔记编辑成一个固定模式，这个模式同样可以成为账号的个性化内容，使用户对账号产生记忆点。

运用关键词组织标题，可以让用户和小红书平台明确笔记主题，定位账号内容。

1. 明确笔记主题

明确笔记主题，简单来说，就是在笔记标题中注明笔记的关键词，让用户看完标题就能知道从这篇笔记里能够看到什么内容，获取什么信息，从而帮助用户和平台筛选出笔记的有效信息，判断是否要点击笔记查看具体内容，如图4-89、图4-90、图4-91所示。

图4-89 "购物分享"关键词

图4-90 "日常碎片"关键词

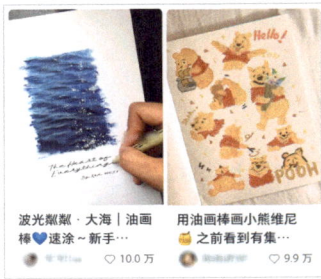

图4-91 "油画棒"关键词

标题含糊不清的笔记容易让用户在快速浏览时摸不着头脑，从而误以为笔记内容与其自身阅读需求不符，从而不进行具体内容的浏览。

对平台而言，关键词明确的标题能够使它了解笔记的内容，从而能够通过大数据，将笔记推送给有相关阅读需求的用户，或是使笔记能够被有效检索，从而将笔记显示在相应的搜索结果界面中，有效帮助笔记提高曝光度。

2. 定位账号内容

定位账号内容是指通过标题中的关键词及模式化的多篇笔记的标题，吸引符合账号定位的特定用户，锁定目标用户。

标题写作的基本原则——规范写作，体现价值

在设计标题的时候，博主可以运用一些写作技巧，增强标题的吸引力，让更多的用户愿意点击笔记仔细阅读。接下来介绍5个标题写作的基本原则，为博主编辑标题提供一些应当注意的细节和拓展思路的方法。

1. 规范字数

相对简短的标题能够在突出标题内容的同时，减少用户浏览时的阅读工作量，还能避免因为标题过长而无法完全显示的情况发生。

2. 精准定位

标题的关键词一定要精准。关键词既要精准符合笔记的实际内容，避免成为"标题党"，还要精准符合账号的定位，使得标题能够牢牢吸引账号或该篇笔记的目标受众。

博主可以在标题中加入一些内容定位标签，如图4-92、图4-93、图4-94所示的标题中的"学生党"等关键词就是能够引起学生年龄段年轻用户共鸣、满足其浏览需求的定位标签。

图4-92 "学生党"话题笔记示例1

图4-93 "学生党"话题笔记示例2

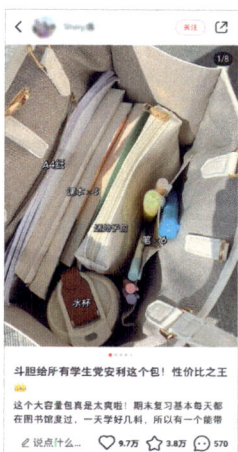

图4-94 "学生党"话题笔记示例3

3. 热点效应

在写作标题时，博主可以适当利用品牌、名人等热点效应，如图4-95所示。

首先，在标题中加入品牌名和名人名称能够通过该品牌或名人的知名度与搜索热度，增加笔记被检索到的机会或是在关联词条中被推送的机会，从而提高笔记的曝光度。

图4-95 利用品牌效应的笔记

其次，品牌和名人往往拥有深入人心的标签和定位，将合适的品牌与名人放进标题，就像给用户打了一个生动形象的比喻，能让用户快速联想到品牌与名人的相关标签，使用户将笔记内容与相关标签进行对比，快速建立对笔记内容的形象认知和了解。

但是，需要注意的是，博主需要对在标题中出现的品牌和名人进行筛选，在标题中使用的品牌或名人，必须与账号定位、特定的笔记所需吸引的目标用户有内容契合性，否则可能会因为虚假宣传或是文不对题而遭到用户反感。

> **提示**
>
> 将品牌或名人用于标题时，要避免借助争议人物的形象和热度，否则可能会遭到"反噬"，影响账号形象和产品形象。并且注意不要给对方造成负面影响，否则可能会面临维权问题。

4. 创设情境

创设情境是指在标题中为用户创设一个特定的生活场景，使用户通过自主联想生活实际情景，对笔记内容有一个生动形象的理解和设想，从而产生阅读欲望，并根据阅读需要，进一步将笔记阅读完。

图4-96所示的标题就会让用户自然地联想到"化妆品又多又乱，博主进行断舍离之后分享化妆品好物"的生活情境。

图4-96　创设情境类笔记
　　　　示例1

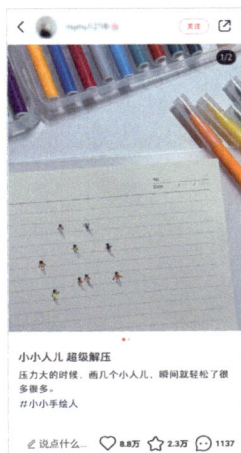

图4-97　创设情境类笔记
　　　　示例2

图4-97所示的标题为用户营造了一个"生活中因为种种压力而感到焦虑"的情景。

5. 趣味新颖

趣味新颖的标题能使笔记标题在模板化、同质化的标题中脱颖而出，让人眼前一亮，吸引用户的眼球。

小红书是一个互联网信息分享社区，用户不仅希望从中获取干货，也对平台的娱乐休闲性具有潜在需求。有趣的标题能够让用户在获取碎片化知识的同时轻松一笑，满足用户的娱乐需求。并且，一个幽默诙谐的标题总是更受大众喜爱，能让账号在用户眼中显得更加有生气、更加亲切。

因此，博主在进行标题设计时，需要给标题加入一丝"亮色"，图4-98、图4-99所示的标题就十分生动有趣，让人忍俊不禁。

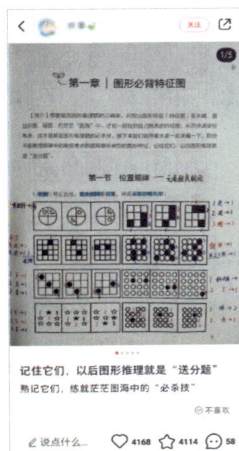

图4-98　趣味标题示例1

图4-99　趣味标题示例2

提升标题的吸引力——提升标题魅力的秘诀

有吸引力的标题可以快速抓住读者的眼球，吸引读者阅读内容。提升标题吸引力的方法很多，此处介绍3种容易上手的提升标题吸引力的方法。

1. 使用符号

符号通常包括两种：特殊符号和标点符号。

使用符号能够让标题的表达更生动，更能吸引读者的注意力。因此，在设计标题时，博主可以使用一些符号，纯文字内容进行一个区分，突显标题中的关键词，如图4-100所示。

图4-100　使用符号的标题

2. 使用表情

现在的表情图和表情符越来越多样化，数目繁多，花样丰富。

根据标题内容使用表情，将标题中的部分文字用生动有趣的表情图和表情符表现出来，既可以丰富标题内容，吸引读者的注意力，又可以增添阅读趣味，减少阅读疲劳，如图4-101所示。

图4-101 使用表情的标题

3. 使用数字或字母

文字是标题的主要组成部分，但在一整排文字中出现的数字和字母会格外显眼。图4-102、图4-103所示是两个很具"吸睛"效果的标题，标题中使用了数字和字母，能很好地吸引读者的关注。

图4-102 使用数字的标题

图4-103 使用字母的标题

常见标题类型——盘点小红书热门标题类型

不同类型的标题适用的笔记类型不同，对读者的吸引力也不同，下面盘点了一些热门的小红书笔记的标题类型，大家可以根据笔记的内容选择合适的标题。

1. 开门见山

这类标题通常是直接就注明笔记的主要内容，一般采用"话题关键词/主要内容总结"的形式，如图4-104、图4-105、图4-106所示。这类标题

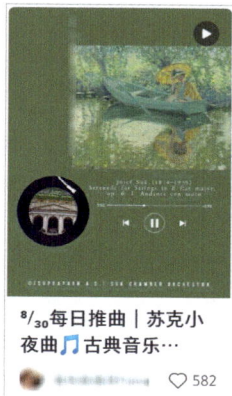

图4-104 模板类标题示例1

图4-105 模板类标题示例2

图4-106 模板类标题示例3

图 4-107　用简短语句作标题的笔记

图 4-108　文艺语言类标题示例 1

图 4-109　文艺语言类标题示例 2

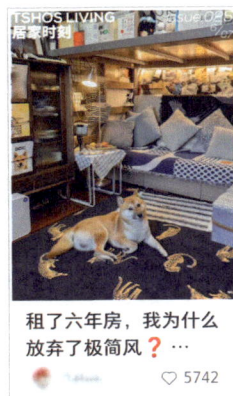

图 4-110　疑问表达类笔记

适用于好物推荐类笔记、内容分享类笔记或是干货类笔记。

2. 简短语句

这类标题通常使用简短的语句作为标题，如图 4-107 所示。其为根据笔记内容进行编辑的个性化内容，基本不会和其他笔记"撞题"。用户在浏览笔记时，这类标题在相对模式化的标题中会更加显眼。

简短语句类型的标题适用于带有情绪情感的笔记内容或者单独介绍某个产品或某个店铺的笔记。

3. 文艺语言

文艺语言类标题是指给笔记内容配上一个富有诗意的文艺标题，如图 4-108、图 4-109 所示。同时，这类标题是为了结合笔记配图，给用户营造一种特定的情感氛围而创作的，通常会用在绘画分享类笔记、摄影分享类笔记和日常记录分享类笔记中。

4. 疑问表达

疑问表达是指标题运用"问题+解决方案"的形式，将笔记的内容通过提问的方式进行突出显示，如图 4-110 所示。

4.4 笔记正文的写作技巧

小红书本质上还是一个互联网的内容分享平台，大多数笔记的内容是精美配图及优质原创的文案。内容的重点是其原创性及内容对他人来说是否具有价值，这种价值可以是情绪价值、实用价值，也可以是审美价值。

小红书笔记的写作，对博主写作功底的要求相对不是太高，只要博主掌握一定的写作方法和笔记的输出技巧，就能够满足账号运营的写作需求。

选择写作题材的方法——以点成线，拓宽思路

笔者在前文讲解了笔记在创建之初要进行基本的账号定位，每一个博主对自己所运营的账号的内容设想就可以作为写作题材的重要来源。例如，如果账号的定位与美妆相关，博主便能以美妆好物推荐、美妆妆容分享为写作题材，还可以进一步延伸至相关的美妆技巧、美妆品牌知识、美妆理念等更广阔的范畴。

总之，以账号定位、运营目标及相应笔记的写作主体作为笔记写作的切入点，并以此确定写作角度，是普遍适用的选择写作题材的方法，如图4-111所示。写作原则在于以账号定位为基础，围绕核心主题去寻找与之相关的写作对象，并通过用户分析与检索数据分析，不断丰富写作的素材与方向。

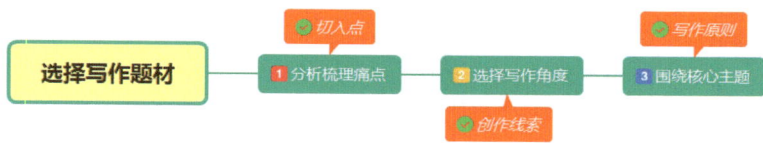

图4-111　选择写作题材

1. 分析梳理痛点

博主确定好账号定位后，就可以选定一个符合账号定位的话题或产品，进行图文笔记的创作。创作笔记的第一步就是根据话题或产品，梳理笔记的目标浏览群体所关心的内容，即梳理小红书用户关于该话题或产品的痛点是什么。

挖掘出用户的痛点后，根据相关信息在小红书笔记中出现的频率与相关笔记的数量，将信息按重要程度排序，再将最重要的信息的相关细节一一梳理，并以此作为笔记创作的切入点。

2. 选择写作角度

分析出笔记的目标用户及潜在用户对于笔记话题或产品所关心的内容后，博主可以发现可供选择的切入点不止一个。博主可以通过在小红书内检索相关切入点，参考相应内容笔记的数据，选择一个内容相对不那么充实的切入点作为笔记的写作角度。

不同的切入点，检索出的笔记数量越多，笔记的互动数据越好，说明该切入点越热门，但是也意味着竞争越大；检索出的笔记数量越少，说明该内容领域不太饱和，博主有更多的发挥空间，并且笔记发布后也能够排名靠前。

3. 围绕核心主题

小红书最初以用户的分享与测评为平台的内容定位，很多用户在对某件产品产生了购买欲后会打开小红书检索相应的使用体验。小红书作为互联网用户的消费决策入口，对于用户而言，更像是一个帮助用户解决消费前的决策问题的工具。

产品的宣传与分享、内容"种草"等内容，用户在其他互联网社交平台中也可以搜索到，但是小红书不仅停留在表层的内容"种草"，而是形成了"用户'种草'——信息了解与对比——消费决策"的闭环。所以，比起单纯的好物分享，小红书中的笔记还应该包含详尽的购物体验和使用感受，甚至可以包含产品的购买途径。博主在以点成线，编辑笔记内容时，要注意围绕"帮助用户解决问题"这一核心主题组织内容。

> **提示**
>
> 创作一篇优质的图文笔记，一切写作方法与创作要领的实现都必须建立在博主前期针对笔记相关内容进行了详尽的数据分析与信息了解的基础上。

4. 理论实践示例

以分享手绘内容的小红书账号为例，假设博主想要创作一篇关于马克笔的图文笔记。

- 分析小红书用户关心"马克笔"的什么信息。比如马克笔的品牌、价格、配色、购买渠道、价格、使用测评、效果、使用教程、适用人群等。这些信息只是基础的内容关键词，并不具体，需要进一步精确。
- 在小红书中分别检索分析出的信息，如图4-112、图4-113所示。根据相关词条的已有笔记数据，将信息按重要程度的高低排序。
- 对用户的痛点进行重要程度的排序后，再从细节处寻找用户关心的问题。比如针对马克笔的品牌，用户关心不同品牌马克笔的性价比、优缺点、彩墨性质等信息。博主可以从筛选出的细节问题中选择自己拿手的内容作为笔记写作的切入点。
- 确定笔记的切入点后，博主在小红书上多方位地搜索关键词的笔记数据，选定一两个写作方向，即可开始积累写作素材，开始笔记的写作。图4-114、图4-115所示为某博主创作的关于马克笔的品牌与色卡制作的小红书笔记节选，供大家参考。

图4-112 "马克笔品牌"
检索结果

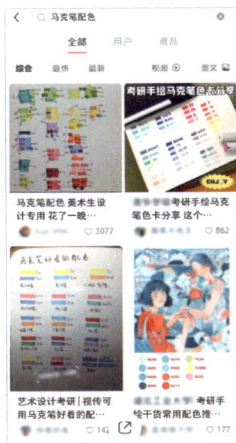

图4-113 "马克笔配
色"检索结果

图4-114 笔记节选示例1

图4-115 笔记节选示例2

语言与篇幅——简练直白，风格独特

小红书以卡片式的形式推送信息，用户的浏览习惯是碎片化的，所以图文笔记篇幅不宜过长，应该以简练直白的语言进行写作，减少内容铺垫，让笔记内容直白充实，如图4-116所示。

图4-116　语言篇幅特色

1. 语言简练直白

小红书用户渐渐涵盖了各个年龄段、各行各业，小红书账号要想吸引更多的粉丝，进行内容营销和流量变现，应该注重内容的简单性和灵活性，降低用户的阅读门槛，考虑到不同水平的用户，关注他们的阅读体验。

如果博主能够将一些复杂难懂的知识或是难以具体描述时间操作的内容，用简练直白的语言呈现给读者，则账号总能引起很多用户的关注。这种语言风格的优势在于能够突出文案的实用性，读者通过比照文案能解决一些现实生活中遇到的问题。

2. 内容篇幅恰当

小红书笔记的字数限制为1000字。虽然1000个字看似很少，但是在小红书这样重视体验分享的社交平台中，对于绝大多数博主而言，这样的笔记篇幅是足够的。

而笔记篇幅的长短，字数的多与少，都取决于内容。小红书笔记的核心写作要点是笔记的内容有信息量，简单来说就是博主的内容要对其他用户而言有价值，被小红书用户所需要。这样博主才能在运营中吸引较多的优质粉丝并与之互动，从而实现成功的账号运营。

编辑笔记正文时，笔记的字数少了可能无法将产品或事件的各方面阐述清楚，字多了可能会使得内容冗余，影响用户的阅读体验。而且作为单篇笔记或小红书上常见的物品推荐类笔记，笔记篇幅太长，会使一定数量的用户无法将全篇笔记看完。

因此，笔者建议大家将笔记字数限制在500～800字。

3. 语言逻辑清晰

在编辑小红书笔记时，博主的写作逻辑一定要清晰明确。博主在给其他用户分享或介绍某内容时，首先要自己明白，有一个大致的知识内容框架，否则容易将内容写得模模糊糊，使笔记的结构变为"一团乱麻"。在这种情况下，用户不能从中提取出有效信息，从而导致笔记无人问津，并形成一个账号运营的恶性循环。

4. 笔记可读性强

笔记的可读性是笔记受欢迎程度的重要影响因素。如果可读性较弱，内容枯燥乏味，即使是一篇长篇大论、干货满满的笔记，也会使用户无法看完全篇笔记，无法获得良好的阅读体验。为增强笔记的可读性，博主在编辑笔记时，可以对文字进行简单的排版，具体可以参考以下几点。

（1）让版面看起来简洁舒适，每段字数不要太多，不要超过5行。

（2）可以适当地利用表情符号分割笔记段落，如图4-117所示。

（3）可以通过一些强调符号来增加笔记内容的记忆点。图4-118所示的笔记便排版简洁明了，字数适中、可读性强，大家可参考。

图4-117　笔记示例1

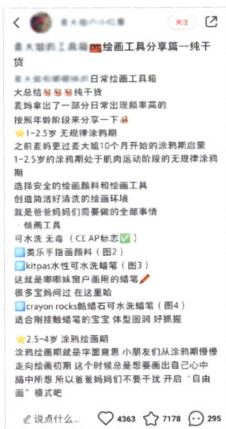

图4-118　笔记示例2

图4-119　编辑话题

图4-120　编辑想要@的用户

开设专题——持续获得用户关注

图4-121　教程类专题示例

图4-122　美妆产品类专题示例

除了单篇笔记外，小红书还有开设专题笔记的功能。博主可以开设内容专题，将相同主题的单篇笔记聚合在主题相似或连贯的专题合集中，方便用户连续阅读。

用户可以将同系列的笔记汇总到同一笔记专题中，也可以将一个内容繁多的内容主题切分成不同的部分，通过一篇篇干货笔记进行输出，最后汇总到一个专题中，方便用户系统查阅，如图4-121、图4-122所示。

专题类笔记相当于博主已经帮用户整理好了账号中的相关内容，用户可以直接按需分类查看，在内容上会比单篇笔记更丰富、更有价值，小红书平台上的用户也更喜欢收藏这种类型的笔记。可能专题笔记的部分内容用户暂时还用不上，但是整理清晰、系统化的内容，会让用户感觉更有价值，从而更愿意收藏。

4.5　本章小结

本章对小红书笔记的写作进行了系统的介绍，希望能帮助大家建立起一个系统的小红书笔记编辑方法论体系，使大家高效地写出优质的笔记。

本章讲解了图文笔记的具体发布流程，介绍了几种确定笔记选题的技巧及常见的选题类型，还总结了小红书的标题及正文的写作技巧，本章小结如图4-123所示。

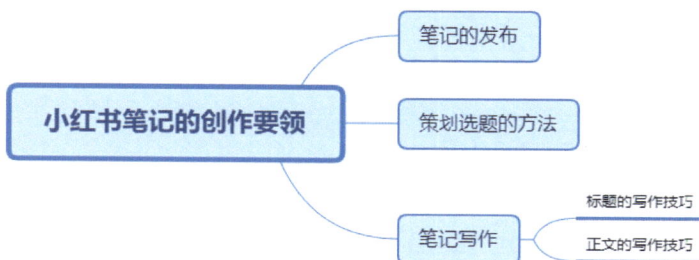

图4-123　本章小结

第5章

小红书图文笔记配图的
拍摄和优化

　　精美的笔记配图是让笔记脱颖而出的利器。图片的
美观度一方面受相机功能、拍摄对象、拍摄技巧、光线
等因素的影响，另一方面也取决于后期制作的效果。本
章将详细讲解小红书图文笔记配图的拍摄和优化技巧。

5.1 图文笔记配图的拍摄

发布一篇小红书笔记需要使用精美的配图，因此首先要准备好图片素材。本节将为大家介绍小红书图文笔记配图的拍摄。

图片来源——拍摄与制作

小红书笔记要想获得系统推荐和"小红薯"的喜爱，首先需要保证内容的合法和合规，笔记配图要取得相应的版权或授权。小红书博主既可以使用网络上免费的图片，也可以购买或者自己拍摄制作原创图片。

> **提示**
>
> 由于小红书仅支持上传"1∶1""3∶4""4∶3"3种比例尺寸的图片，博主在制图时需对图片进行裁剪。

小红书常见的图片类型有纯图片、拼接图片、涂鸦图片和纯文字图片4种。

纯图片是指配图为素净的图片，后期没有添加文字、水印、涂鸦等内容，如图5-1所示。小红书上有很多绘画或设计领域的博主，他们分享的绘画作品和设计作品笔记，配图大多也是纯图片，如图5-2所示。这类素材制作相对比较简单，博主拍摄完成或是选定原始图片后，根据图文笔记的创作需要，对图片进行后期处理即可。

拼接图片是小红书中比较常见的图片类型，在方法教程、产品介绍、内容分享、测评对比等不同题材的图文笔记中，都有拼接图片，如图5-3所示。这类图片的作用主要是展示内容，不仅能够吸引用户点击浏览，还能辅助笔记文字的呈现，图文并茂地传达笔记内涵。

图5-1　纯图片素材1

图5-2　纯图片素材2

图5-3 拼接图片素材

涂鸦图片是指在纯图片的基础上添加涂鸦后制成的笔记配图,在小红书的日常分享类图文笔记中比较常见。博主通常是将记录生活片段的图片经后期补充符合画面风格的趣味涂鸦和文字形成涂鸦图片,使图片更加吸睛,如图5-4所示。

纯文字图片通常用于知识干货类图文笔记,常见的图片形式是某个图文笔记中内容的思维导图,方便用户直接了解相关内容,如图5-5所示。这类图片可以使用思维导图类软件制作。

图5-4 涂鸦图片素材　　图5-5 纯文字图片素材

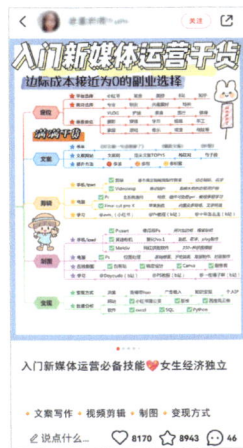

利用手机拍摄照片——实用技巧

智能手机早已成为大多数人生活中的常用工具,手机镜头的像素也早已提高到2000万、4000万甚至更高,这样高的手机相机像素,完全能够胜任小红书笔记配图的拍摄。那么,如何利用手机拍出极具"大片味"的作品呢?下面将详细讲解使用手机进行拍摄的一些实用技巧。

1. 设置合理的照片分辨率

许多智能手机都提供了多种分辨率选项,在拍摄前,为了保证画面的清晰度,需要提前对分辨率进行设置,其他拍摄软件也同样可以设置分辨率,方法大多类似。

❶ 打开相机进入"拍照"模式,点击右上角的"设置"按钮"⚙",如图5-6所示。

❷ 在弹出的界面中点击"分辨率",如图5-7所示。

❸ 在打开的"照片分辨率"界面中选择"[4:3] 24MP",既可调整照片尺寸,又可调整分辨率,如图5-8所示。

图5-6 点击"设置"按钮　　图5-7 点击"分辨率"　　图5-8 选择分辨率

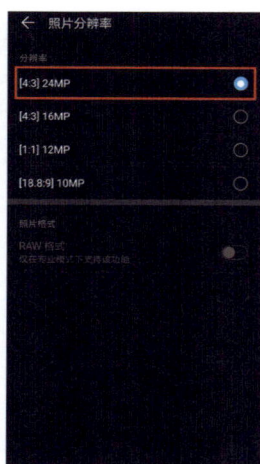

2. 准确对焦不虚片

画面对焦可以使拍摄主体更清晰。一般情况下，打开拍照模式手机镜头就能自动对焦，但是手机不像相机那么专业，在某些情况下对焦并不是特别准确，所以需要掌握一定的对焦技巧才能拍摄出想要的效果。

在拍摄界面中，轻触屏幕就会出现对焦框，拍摄时只需将对焦框对准拍摄主体，就能保证主体清晰，如图5-9所示。拍摄人物时将对焦框放在人物眼睛上即可，如图5-10所示。

图5-9 对焦框对准主体　　　图5-10 拍摄人物

另外，在拍摄时如果发现画面中的主体模糊不清，而背景却很清晰，很有可能是因为对焦不准确。还有一种可能是手机距离主体太近，超出了手机能够自动对焦的范围。因此，准确选择对焦位置是确保主体清晰的基础，如图5-11和图5-12所示。

图5-11　前景对焦，背景模糊

图5-12　背景对焦，前景模糊

3. 正确测光，保持曝光准确

手机相机的对焦框除了可以用来对焦、使主体更清晰之外，还可以用来测光，如图5-13和图5-14所示。测光就是在拍摄的画面中，针对画面的某个区域或画面全局，设置适合的曝光度的操作。现在大部分的手机相机都能够对画面测光，且操作方式相同，都是利用对焦点测光，事实上，对焦点就是测光点。对焦点除了可以用于对焦画面主体之外，还能针对不同区域进行测光，从而使画面有一个准确的曝光度。

苹果手机的对焦和测光是合在一起无法分开的，而有些安卓手机的对焦和测光是分开的。在有些安卓手机中，只需在拍摄界面长按对焦框，对焦框里面就会出现一个小太阳标志，这就是测光按钮，拖动这个按钮就可将对焦和测光分离。这样做的优点是可以在对焦主体的同时调整至合适的曝光度，如图5-15和图5-16所示。

图5-13　对焦框测光

图5-14　对焦框测光

图5-15　长按对焦框

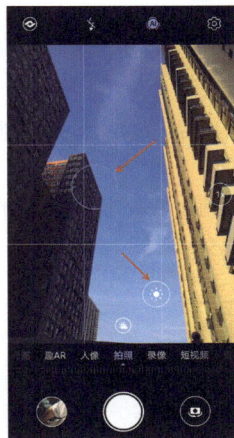

图5-16　分离对焦与测光

4. 锁定对焦更放心

锁定对焦是指锁定手机镜头与拍摄对象之间的对焦距离，对焦一旦锁定，镜头将不再重新对焦。锁定对焦的好处是能在画面中二次构图，突显拍摄主体。另外在拍摄一些分散物体时，比如窗户上的水滴、分散的小花等，都可以使用这个功能。

苹果手机和安卓手机在锁定对焦时的操作有些许不同。苹果手机锁定对焦只需长按对焦框，对焦框闪烁两下后，放开手指，这时在屏幕上会出现"自动曝光/自动对焦锁定"字样，这就说明对焦已经锁定，之后移动手机，对焦距离也不会改变，如图5-17所示。

而安卓手机不同。以华为手机为例，要想使用华为手机的锁定对焦功能，需要进入专业模式。点击需要对焦的主体，再长按"AF"，就可锁定对焦，如图5-18所示。同样，锁定曝光则需要长按"EV"，如图5-19所示。

图5-17　苹果手机锁定对焦曝光

图5-18　长按"AF"，锁定对焦

图5-19　长按"EV"，锁定曝光

5. 让照片表达情感

众所周知，不同色彩的照片会给人带来不同的主观感受，比如暖色调的照片会给人带来温暖、热烈的感觉，而冷色调画面会让人得到宁静、清凉的感觉。

在拍照时，手动设置白平衡和色温值可以让我们对画面色彩进行更精准的设置，同时也可以根据自己的想法来定义画面的色彩，以表达不同的情感，如图5-20和图5-21所示。

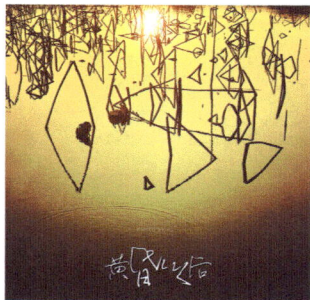

图5-20　暖色调

图5-21　冷色调

图 5-22　点击右侧的"AWB"

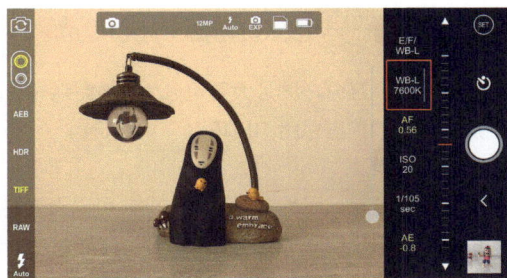

图 5-23　手动设置色温

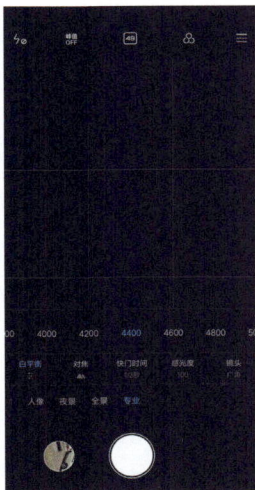

图 5-24　在小米 9 手机中
调整色温

苹果手机可下载 ProCam 这一 App 来调整图片色温。

❶ 打开 ProCam，ProCam 在默认情况下为 AWB（自动白平衡）模式，点击右侧的"AWB"即可切换到手动白平衡模式，如图 5-22 所示。

❷ 上下滑动游标，"AWB"就会切换为"WB-L"（手动设置色温），这时候可以自定义画面的色温，如图 5-23 所示。

安卓手机可以切换到相机的手动模式，在其中找到白平衡选项。部分智能手机的操作会有所差异，此处以小米 9 为例，切换到专业模式，在白平衡选项中手动定义色温，如图 5-24 所示。

6. 倒计时拍摄更方便

倒计时拍摄也称定时拍摄是指在拍摄时，点击快门后，手机相机会有一个倒计时，如图 5-25 所示，倒计时结束之后相机会自动拍摄。倒计时拍摄能够在一定程度上解放双手，并且能够减少手与手机的直接接触，减少画面的抖动。但是倒计时拍摄要求被摄主体在指定时间内做好拍摄准备，如果是拍摄非静物主体，可能不太好控制拍摄的时机。

图 5-25　倒计时拍摄

拍摄对象——图片内容精挑细选

按内容来区分，图片大致可分为3种类别——静物图片、人像图片和风光图片，下面分别介绍不同类别的图片的拍摄思路和技巧。

1. 静物图片

静物图片是指以相对而言无生命、可以人为移动或组合的物体为拍摄对象的图片。小红书中多以生活中常见或常用的工业或手工制成品、自然存在的无生命物体等为拍摄题材，例如食材饮品、手作小物、美妆产品、衣物穿搭、器皿家具等。

图5-26所示为以小饰品为拍摄对象的静物图片，图5-27所示为以陶瓷杯为拍摄对象的静物图片，图5-28所示为衣物搭配为拍摄对象的静物图片。

提示

图5-28所示的穿搭笔记配图为博主作为试衣模特穿着搭配好的衣服进行拍摄的成果，拍摄对象是已经搭配好的服装，所以笔者将这类穿搭配图作为广义上的静物图片罗列在此。

图 5-26　静物图文笔记示例 1

图 5-27　静物图文笔记示例 2

图 5-28　静物图文笔记示例 3

美食图片也是静物图片的一种，各类美食图片在小红书台中是绝对的主角，图5-29、图5-30和图5-31分别是小红书中美食类图文笔记的几种常见配图形式。

这里以美食类图片为例，总结符合小红书平台调性的静物图片拍摄思路和方法。

图 5-29　美食图文笔记示例 1

图 5-30　美食图文笔记示例 2

图 5-31　美食图文笔记示例 3

图 5-32　美食外观

图 5-33　美食特写

图 5-34　美食特写

图 5-35　美食俯拍

图 5-36　操作步骤类配图
示例 1

图 5-37　操作步骤类配图
示例 2

图 5-38　虚化效果 1

图 5-39　虚化效果 2

（1）聚焦美食

首先，拍摄美食时，博主应该聚焦食物，最大限度地展现食物的特色，既要全方位展示美食的外观（如图 5-32 所示），又要给食物细节以特写（如图 5-33 和图 5-34 所示），从而使用户在浏览图片后，对美食有直观的感受，产生对笔记的阅读兴趣。

若是拍摄美食教程类图文笔记的配图，建议博主对制作好并摆盘完毕的美食料理进行全景俯拍，并用作笔记首图吸引用户，如图 5-35 所示。此外，博主可以按照操作步骤，拍摄处理好的食材、需要用到的酱料等，如图 5-36 和图 5-37 所示。这样拍摄的笔记配图，既贴合笔记创作主题，又能和笔记文字互相补充，生动形象地展示食物的制作过程和最终效果。

（2）长焦虚化

使用长焦镜头能够拍到更远处的物体，同时有更强的空间压缩感和更浅的景深，从而可以很好地体现拍摄主体的视觉美感，非常适合静物摄影。博主在利用手机进行美食拍摄时，应该将相机设置为长焦距。

此外，虚化背景能够更加凸显食物主体（如图 5-38 和图 5-39 所示），博主若是使用手机进行拍摄，可以尽量使用长焦镜头和大光圈以虚化背景。

（3）背景装饰

在拍摄美食时，应该保证有一个相对干净的背景。博主可以将拍摄范围缩小至所盛食物的餐具上，也可以将范围固定在食物所在的桌面之类的局部区域，如图5-40所示。除了拍摄食物细节之外，博主还可以在画面内适当添加与被摄食物相关联的物品，营造一个与食物相关的场景，如图5-41所示。

若是探店类美食笔记，博主还可以将店内环境作为拍摄背景，使店内美食与环境风格有机融合，吸引用户浏览笔记，甚至前去探店打卡，如图5-42、图5-43和图5-44所示。

> **提示**
>
> 静物拍摄背景不宜太花哨，以免喧宾夺主。背景可以由素色的墙、浅色的桌面、卡纸或是布料等物品组成。

图 5-40　控制拍摄范围

图 5-41　布置食物环境

图 5-42　拍摄店面环境1

图 5-43　拍摄店面环境2

图 5-44　拍摄店面环境3

2. 人像图片

人像图片就是以人物为主要拍摄对象的图片，它以表现被照者的相貌为主，比如人物的半身像、全身像等。

使用人像图片作为配图的有日常类笔记、旅行类笔记、穿搭类笔记及摄影类笔记等，如图5-45、图5-46、图5-47以及图5-48所示。

在小红书中人像图片主要是配合旅行、美景、生活记录等主题笔记出现的，以更好地展示博主当前的生活状态，所以人像配图的内容应契合笔记所营造的生活场景，图片的整体风格以自然和谐为主，如图5-49、图5-50和图5-51所示。

图 5-45　日常类笔记

图 5-46　旅行类笔记

图 5-47　穿搭类笔记

图 5-48　摄影类笔记

图 5-49　人物与背景融合 1

图 5-50　人物与背景融合 2

图 5-51　人物与背景融合 3

3. 风光图片

风光图片是展现风光之美的图片，内容主要包括自然风光、城市建筑等。在小红书中，风光图片常见于旅行类笔记、摄影类笔记以及生活类笔记中，如图 5-52、图 5-53 和图 5-54 所示。

风光图片可以用作纯粹的摄影作品分享，也可以用作博主分享生活记录。在小红书中，该类图片主要包括街头纪实、城市建筑、自然风光等类别，图片的拍摄对象包括但不限于水面、花园、建筑、路灯、树影、线条和光影。图 5-55 所示为小红书某博主在上海街头的纪实拍摄，行驶中的

图 5-52　山地风光

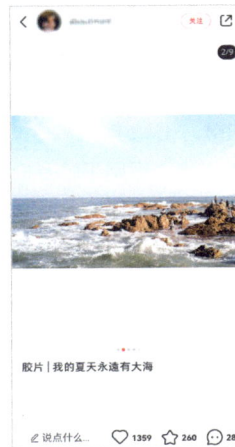

图 5-53　海边风光

第 5 章　小红书图文笔记配图的拍摄和优化

车辆使画面产生了一些模糊，但也为图片增添了活力与氛围感。

在拍摄风光图片时，每天有两个拍摄时机值得博主留意，一个是日出的时间段，一个是日落的时间段。这两个时段的自然风光有着鲜艳的色彩、柔和的光线以及较强的明暗层次，这算得上是最好的光影特征之一，能够让拍摄事半功倍。很多小红书博主在拍摄风光图片时，也会巧妙利用这两个时间段进行拍摄，如图5-56和图5-57所示。

图5-54　城市风光

图5-55　街头纪实

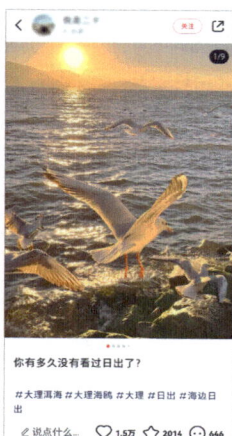

图5-56　日出时拍摄的
　　　　画面

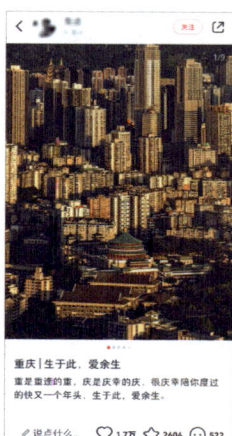

图5-57　日落时拍摄的
　　　　画面

光线与构图——让照片更精美

光线不仅决定了画面的明暗层次，还决定了画面的氛围和效果。构图是将画面中的各种元素进行搭配，交代主次关系，使画面看起来和谐、具有美感。合理利用光线和构图，可以使拍摄的照片上升一个档次。

1. 光线

根据光线照射的方向，拍摄大致可以分为顺光拍摄、侧光拍摄和逆光拍摄。

一般人在拍摄时，通常会顺着光源进行拍摄，即顺光拍摄。这种拍摄能够让画面的光线均匀，使画面显得十分明亮，但会削弱画面的立体感和质感。笔者推荐博主在进行笔记配图拍摄时进行侧光或逆光拍摄。

侧光拍摄即从拍摄方向的侧面打光进行拍摄，该拍摄光线适用于较多拍摄场景，在保持拍摄画面清晰、美观的同时，还能凸显画面的立体感，如图5-58所示。侧光拍摄时，博主可以通过打背景光，增加背景光线的过渡，从而增加画面的空间感。

逆光拍摄能够增强画面的线条轮廓，突出画面质感，很适合拍摄夕阳西下的人物剪影，如图5-59所示。另外，逆光拍摄适合拍摄透明的物体，如玻璃瓶、液体等，如图5-60所示。

图5-58　侧光拍摄

根据光的来源，光线可以分为自然光和人造光。使用自然光和人造光拍摄，能够营造不同的画面效果。

在较为阴暗的天气或环境下进行拍摄时，可以利用人造光辅助拍摄，如图5-61所示。在拍摄过程中注意合理布光，合理调整灯光的角度、亮度，在光源较多的拍摄场景下尤其应注意。

白天在户外或光线较好的室内进行拍摄时，可以利用自然光拍摄，如图5-62所示。在户外进行自然光拍摄，光线能够更加均匀、自然。在室内进行自然光拍摄，光线会更加柔和，受限于光线的投射角度，会产生一个光线角度，博主可以根据光线角度调整拍摄位置。

图 5-59　逆光拍摄的人物剪影

图 5-60　逆光拍摄的玻璃杯

图 5-61　人造光拍摄的效果

图 5-62　自然光拍摄的效果

2. 构图

除了光线之外，构图对于拍摄精美画面而言也很重要。选择适合拍摄主体的构图方式能够为画面加分不少。这里介绍7种常用的构图方法。

（1）三分线构图

三分线构图是将画面从横向或纵向分为3部分的一种构图方式。该方法非常经典，并且易于操作。在拍摄时，将拍摄主体或是焦点放在三分线的某一位置上，使拍摄主体更加突出，画面更有层次感与平衡感，如图5-63所示。

（2）中心构图

中心构图是最常用的构图方法之一，通过将拍摄主体放置在画面的中心进行拍摄，以便更好地突出拍摄主体，使观众明确画面重点，更快速地了解画面信息。

以中心构图方式拍摄最大的优点在于能够明确拍摄主体，操作简单，易于上手，并且能够使画面左右平衡，如图5-64所示。

图 5-63　三分线构图

图 5-64　中心构图

（3）前景构图

前景构图是一种利用拍摄主体与镜头之间的景物进行拍摄的构图方式。前景构图分为两种情况，一种是将拍摄主体作为画面前景进行拍摄，一种是将拍摄主体以外的事物作为画面前景进行拍摄。

图5-65所示为将拍摄主体——短发人物直接作为拍摄前景进行拍摄，不仅使人物轮廓更加清晰醒目，还塑造了画面的层次感。

图5-66所示为将传统建筑作为拍摄主体，将玻璃窗上反射的画面作为拍摄前景，这种构图使得观众能够获得一种视觉上的透视感，给观众营造出一种身临其境的观看体验。

用前景构图方法拍摄的画面，在增强画面感、丰富画面内容的同时，能够更好地突出拍摄主体。

（4）对角线构图

对角线构图是一种让主体与背景相互衬托，从而让画面更有平衡感，增加画面纵深和立体感，给人以满足的感觉的构图方法，如图5-67所示。

（5）对称式构图

对称式构图是指所拍摄的内容在画面中垂线两侧或是正中水平线上下，画面内容大致对称或对等，布局平衡，结构规矩，如图5-68所示。

对称式构图具有平衡、稳定、相呼应的特点，常用于表现对称的物体、建筑、特殊风格的物体。

（6）框架式构图

框架式构图是在拍摄主体时，有意地选取一些边框元素，并将拍摄主体置于边框内的一种构图方式，如图5-69所示。

这种构图的边框元素可以是真实存在的，比如生活中常见的门框、窗户等，也可以是博主在拍摄时灵巧运用场景所构造出的虚假边框，如拍摄风光照时的峡谷、垂落的树枝等。

（7）引导线构图

引导线构图是指使将画面中的某一条线或者某几条线，由近及远地形成一种延伸感，从而使观众的视线沿着画面中的引导线汇聚到一点，如图5-70所示。

引导线构图能够增强画面的立体感，并且能引导观众的视线，吸引观众的注意力。

图5-65　前景构图示例1

图5-66　前景构图示例2

图5-67　对角线构图

图5-68　对称式构图

图5-69　框架式构图

图5-70　引导线构图

咬春——野菜篇

春天真是一个好季节！想拍的题材多的数不过来。不时有不时有。有些东西还只能在合适的季节才有。这些野菜平时也是进去餐桌的常客了吧！

♡ 2763   ☆ 1019   💬 103

图 5-71   三角形构图

除上述几种构图方式之外，还有其他的构图方式，比如三角形构图、景深构图、九宫格构图等，只要在拍摄时有符合构图条件的要素，就可以运用不同的构图方式进行拍摄。对同一个主体可以尝试使用不同的构图方式进行拍摄，优中选优，挑选最符合笔记内容的配图。

图 5-71 所示为运用三角形构图，将画面中三碗绿色野菜作为拍摄主体，并构成一个三角形画面。

> **提示**
>
> 小红书笔记配图的拍摄对象形态各异，实际构图应该在一定构图原则的基础上因时而变，可以尝试不同的摆放状态、不同角度的拍摄。

配色和滤镜——提升图片质感

色彩是画面最直接的属性之一，美观精致的图片离不开对色彩的良好运用。除了光线和构图之外，博主可以从画面配色方面着手，提升图片质感；还可以选取合适的滤镜，营造独特的氛围。

1. 配色

配色即画面的色彩搭配，主要分为同色系配色、互补色配色与中性色配色 3 种。

（1）同色系配色

同色系配色是指根据图片拍摄主体的本身颜色，选择同色系的物品进行搭配。同色系搭配会产生一种柔和、有秩序、和谐的感觉，适用于表现简约的画面，比如饮料展示，如图 5-72 所示。

（2）互补色配色

互补色配色又称撞色配色，也是很出色的配色方案，搭配得当能够产生强烈的视觉冲击力。进行互补色的颜色选择时，建议博主选择饱和度较低的色彩进行组合。图 5-73 所示为使用互补色配色图片作为配图的图文笔记示例。

（3）中性色配色

中性色也称无彩色，由黑、白、灰几种色彩组成。中性色常常在色彩搭配中起间隔和调和的作用，在陈列产品时运用得非常广泛。

自制夏日健康饮品14·西柚养乐多气泡水

一我想要两个西柚
一什么？

♡ 1775   ☆ 2224   💬 107

图 5-72   同色系配色示例

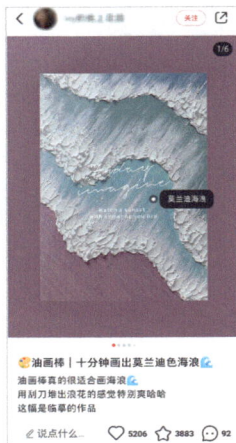

🎨油画棒｜十分钟画出莫兰迪色海浪🎨

油画棒真的很适合画海浪
用刮刀堆出浪花的感觉特别爽哈哈
这幅是临摹的作品

♡ 5206   ☆ 3883   💬 92

图 5-73   互补色配色示例

经典的中性色配色有黑金配色、黑红配色、黑白灰配色等，这类配色适用于表现有质感的产品，比如很多奢侈品平拍都会使用黑金棕、黑白灰配色，如图5-74所示。

图5-74 中性色配色示例

2. 滤镜

前面介绍了色彩的搭配技巧，这属于拍摄前期的工作。拍摄完成的图片还可以使用调色软件进行后期调整。

为了方便调色新手快速得到所需的颜色，很多调色软件都预置了一系列各种风格的调色动作和参数，这就是我们常说的滤镜。

博主可以根据自己所拍摄的图片的类型和风格选择合适的滤镜。针对小红书上最为热门的街拍、美食和人像图片，已有很多博主分享了很多优秀的滤镜，如图5-75、图5-76和图5-77所示。

小红书也自带了很多实用的照片滤镜，如图5-78所示，博主调整自拍照片时可以使用"自拍"滤镜组中的滤镜。

图5-75 滤镜调色示例1

图5-76 滤镜调色示例2

图5-77 滤镜调色示例3

图5-78 "自拍"模式滤镜应用示例

图 5-79 "食欲"滤镜应用
示例

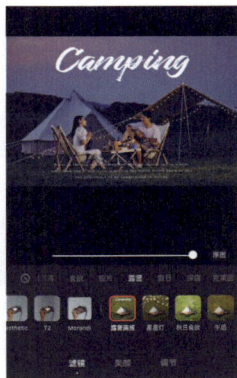

图 5-80 "露营"滤镜应用
示例

牛排照片可以选择"食欲"滤镜中的"西餐"滤镜，如图 5-79 所示。在拍摄露营图片时，可以选取"露营"滤镜组中的滤镜，如图 5-80所示。

这里需要注意的是，一篇笔记应尽量统一色彩和滤镜风格，从而增加用户对于账号内容的记忆点，如图 5-81 所示。

图 5-81 滤镜和色彩统一示例

5.2 图文笔记配图的优化

图片拍摄完成后，还不能直接上传，需要进行一些后期的加工，优化图片。比如为图片增加一些流行的小元素，添加好看的文字或进行图片拼接等，使图片内容更加丰富和活泼，这样能在一定程度上为笔记增加"热度"和流量。

图片上传与处理——小红书的图片工具

如果后期处理的工作不是很多，博主可以直接使用小红书App自带的图片编辑功能进行笔记配图的制作，以节省制图时间。

在小红书 App 主界面单击"+"按钮，如果在"相册"里选择的是图片，即进入如图 5-82 所示的界面，底端的工具栏包含"滤镜""音乐""标记""文字""贴纸""边框"6个按钮，点击各个按钮，即可进入相应的操作界面进行编辑。

滤镜：在"滤镜"操作界面，可以为图片添加滤镜，对图片进行美化、调节等操作，如图 5-83 所示；如果是人像图片，利用"美颜"功能，可以进行人像磨皮、脸型美化、白牙等后期操作。

配乐：在"音乐"操作界面，可以为图片添加配乐，以渲染气氛，如图 5-84 所示；添加配乐成功后，配乐名称会显示在图片的左下角，如图 5-85 所示。

标记：在"标记"操作界面，可以为图片添加用户标记和地点标记，如图 5-86 所示；每张图片可以添加多个标签；标记添加成功后，会显示在图片中，博主可以选中标记，将其调整至图片中的任意位置，如图 5-87 所示。

文字：在"文字"操作界面，可以为图片添加任意文字内容，并选择使用花字还是自定义的文字样式，如图 5-88、图 5-89、图 5-90 所示。

图 5-82　功能编辑栏

图 5-83　"滤镜"操作界面

图 5-84　添加配乐

图 5-85　配乐显示效果

图 5-86　添加标记

图 5-87　调整标记显示位置

图 5-88　"文字"操作界面

图 5-89　编辑文字样式

图 5-90　编辑花字样式

贴纸：小红书App内自带种类众多的贴纸供用户选择，博主可以为图片添加任意喜欢的贴纸，如图5-91所示。

边框：在边框设置中，博主可以为图片设置合适的边框和颜色，小红书App还提供从正在编辑的图片中智能提取颜色供用户使用的功能，如图5-92所示。

确定所有图片编辑完毕后，可点击编辑界面右下角的"下一步"按钮，进入图文笔记的文字内容编辑界面，如图5-93所示，博主可以在界面最上方的图片预览栏中查看全部图片的显示效果。

> **提示**
>
> 在图片预览栏中查看的图片效果不会显示标记内容。用户点进笔记查看相应配图时，标记会自动显示。

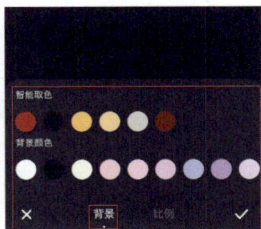

图 5-91　选择贴纸　　图 5-92　编辑边框背景颜色　　图 5-93　图文笔记的文字内容编辑界面

图片设置要求——遵守平台规范

图片的设置是笔记创作过程中至关重要的一个步骤。在小红书上发布的图片必须遵守小红书社区规范，否则将会被平台自动检测并屏蔽，严重的甚至会被封号处理。除此之外，还有一些发布图片的要求需要注意。

1. 内容原创

一定要发布原创内容，笔记整体非原创内容将影响账号的曝光，含有部分图文非原创的内容将不会被平台推荐，所以原创是很重要的。

2. 检查水印

文章或图片中不能含有其他平台的水印或信息，如天猫促销信息、京东水印信息等；并且还要注意是否有修图软件水印，发布前要仔细检查。

3. 设置封面

多图笔记中的第一张图片会作为封面图被自动显示在该笔记的缩略界面，如图5-94、图5-95所示。因此，首图的选择非常重要，必须保证首图美观和富有吸引力，如果提前制作了封面图，将其添加为笔记的第一张图片即可。

图5-94　封面图显示

图5-95　首图显示

设置封面——给用户留下深刻印象

笔记的封面是用户对笔记的第一印象的来源之一，美观精致的封面不仅能为笔记增光添彩，还能给用户留下深刻印象。对封面的精心设计体现在很多方面，下面讲解几个设置封面的要点。

1. 精选原始素材

虽然封面只需要一张图片，但是封面作为笔记的"门面"，需要博主优中选优，精选原始素材。博主往往需要在众多原始素材中多加对比，选择综合效果最佳的一张素材图片作为封面。

2. 选择合适的版式

小红书只支持3种图片比例尺寸，分别是3∶4的竖版图尺寸、1∶1的正方形尺寸与4∶3的横版图尺寸，不同尺寸的图片设置成图文笔记的封面后，在小红书的笔记推送界面显示的效果如图5-96、图5-97所示。

不同比例的封面在小红书中的显示特征有所差异。1∶1的正方形尺寸图与4∶3的横版尺寸图占据的空间小，会出现笔记未被用户留意到，而被直接划走的情况，而3∶4的竖版尺寸图占据的空间大，能展现更多的内容信息，并且能最大限度地吸引用户视线。

图5-96　不同比例的封面

图5-97　横版和竖版封面

终于用上柯达的片夹了！！反转片的…

♡ 3416

图5-98　正方形尺寸图嵌入竖版尺寸图示例

天空给了飞鸟自由，飞鸟赋予人间温柔

♡ 4398

图5-99　横版尺寸图嵌入竖版尺寸图示例

巴黎最佳🍋罗勒柠檬挞｜法甜小白的第一次尝试
柠檬挞是法式甜点的绝对经典款，这个挞吃起来入口竟然先是罗勒香味，然后才是浓浓的柠檬酸

✍ 说点什么…　♡ 2259　☆ 2924　💬 67

图5-100　高清的笔记配图

食谱｜画画一样的佛卡夏🍞

♡ 2221

图5-101　图像展示类封面

近期治愈书单｜送给敏感、迷茫、爱拧巴…

♡ 7.7万

图5-102　添加文字类封面

另外，虽然小红书有手机端和网页端两个入口，但是手机端的功能更加完善，并且更加符合互联网用户的使用需求。而竖版尺寸图相较于正方形尺寸图与横版尺寸图，更加符合手机用户的阅读场景与习惯。

因此，在小红书中，绝大多数博主选择使用竖版尺寸配图，或把横版尺寸与正方形尺寸的图片嵌入竖版尺寸，如图5-98、图5-99所示。笔者也建议大家在制作小红书配图时，将封面制作成3：4的竖版尺寸。当然，如有需要，博主仍然可以将图文笔记的封面制作成正方形尺寸或是横版尺寸。

3. 提高图片清晰度

高清晰度能够提升画面质感，增强画面的表现力，打造更佳的视觉效果。图5-100所示封面图遵循了这一原则。在该案例中，罗勒柠檬挞上的罗勒细节都清晰可见，更显得甜点美味可口，用户看到封面已忍不住食欲大增，自然更愿意点进笔记查看详情。

4. 突出笔记重点

封面最好能够直接体现笔记的重点，减少用户浏览时对笔记内容的反应时间。

博主可以将笔记的部分重点信息或核心关键词展示在封面上，让用户能够对笔记的基本内容一目了然，从而产生阅读的兴趣。在封面上体现重点内容有两种方式——直接以图像展示和添加文字展示，如图5-101、图5-102所示。

5. 进行创意设计

博主可以在制作封面时进行一定的创意设计。这些创意设计可以添加在拍摄前的构想中，也可以在后期加工中完成，但都需要博主自己用心思索，发挥想象力。

图5-103、图5-104所示为两个进行了创意设计的封面案例。第一个案例中的画面设计非常简单，但该博主配上了简单排版的主题文字，并且加上了一个俏皮的箭头，搭配起来十分巧妙，让人眼前一亮。第二个案例中，该博主为简单的日常照片设计了趣味彩色涂鸦，并且将9张涂鸦后的照片进行一定的色系搭配后制作成了九宫格的形式，既突出了笔记内容，又引起了用户的兴趣。

图5-103　创意案例一

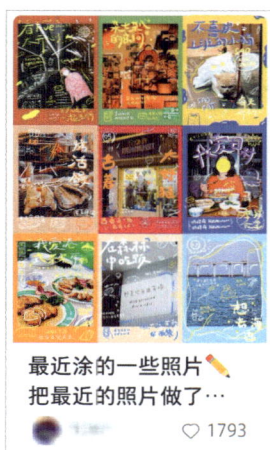

图5-104　创意案例二

相关工具——制作图片的常用工具

当前各种图片处理软件多如牛毛，令人眼花缭乱，下面从特色功能、实际运用切入，带大家认识几款常见的图片处理软件。除了笔者提到的这几款，大家还可以尝试其他的图片处理软件，找到自己最心仪的修图软件。

1. 美图秀秀

美图秀秀是功能全面、使用度较高的一款修图软件，并且支持网页在线编辑、手机端操作以及电脑端操作。由于操作端、操作系统以及版本的不同，具体的功能可能会有区别，但大致是差不多的。以手机端为例，美图秀秀主要有图片美化、相机、人像美容、拼图、视频剪辑和视频美容六大功能，如图5-105所示。

图5-105　主要功能

图5-106　图片美化

制作小红书笔记配图时常用的是图片美化、人像美容和拼图这三大功能。

图片美化功能可以对已经拍摄好的图片进行美化调整，如图5-106所示，除了调整图片的色调、曝光度等参数外，还可以给图片添加滤镜、文字、贴纸、边框等内容，另外还可以进行添加马赛克、消除、抠图等细致的制图操作。

人像美容是针对图片中的人像部分进行智能美化的功能，这项功能对护肤、美妆等涉及清晰人脸配图的小红书笔记配图的处理，有较大的帮助。但是博主在选择图片时，要注意使用有清晰正脸的图片，否则容易使系统识别人脸失误，无法正确修图。

人像美容功能包括"美妆""面部重塑""瘦脸瘦身""一键美颜""磨皮""美白"等，如图5-107所示。

图 5-107　人像美容

图 5-108　拼图

其中，"一键美颜"是系统对人像进行一次性综合处理的修图操作，其余几项内容都需要用户自行进行局部调整。

拼图功能可以一次性处理 1～9 张图片。拼图功能包括"模板""海报""自由""拼接"4 项内容，如图 5-108 所示。在拼图过程中，系统会自动根据用户选择图片的顺序为图片安排摆放顺序和位置，并将图片缩放至合适的大小，但用户可以通过拖动图片进行位置调换，也可以自主选择图片的缩放大小和旋转角度。

2. PicsArt美易

PicsArt 美易全称为"PicsArt 美易照片编辑"，是一款功能全面的图片编辑处理软件，同时也支持视频的简单编辑与处理。

虽然 PicsArt 美易有一部分功能需要付费才能使用，但它的免费功能已经能够满足非常丰富的制图

图 5-109　功能 1

图 5-110　功能 2

图 5-111　功能 3

需求。通过 PicsArt 美易，用户使用手机就可以实现多样化的图片处理，如"照片""视频""拼图""海报模板""背景"等，如图 5-109、图 5-110、图 5-111 所示。

图 5-112　修图分区

图 5-113　模板分区

3. 醒图

醒图是一款操作简单、功能全面的修图软件，并且其全部功能都向用户免费开放。

醒图分为修图和模板两大分区。在修图分区中，有"拼图""批量调色""滤镜调色""马赛克"功能，如图 5-112 所示，其中最受用户喜爱的就是"滤镜调色"功能，它既能使图片美化到位，还能保证图片不被过度压缩。

醒图的模板分区如图 5-113 所示，其不仅对模板主题进行了分类，还根据不同的模板使用场景设置了模板名称，方便用户取用。

4. Foodie

Foodie是一款主打美食滤镜的图片处理软件。其优点是图片处理的功能齐全，即便是对非食物的图片，处理起来也是没有问题的，免费、内容丰富，使用体验感较好。

Foodie的主界面中的功能选项如图5-114所示，用户可以先设置调色、效果和滤镜的参数后直接进行图片的拍摄，也可以使用修图功能对手机相册里的图片进行调整、调色和添加滤镜等处理。图5-115所示为Foodie"修图"功能的编辑界面。

Foodie软件主推调色和滤镜，没有拼图功能，"效果"功能为人像美容相关功能，内容较为有限，仅有"平滑""瘦脸""眼睛放大""缩小鼻子"4个修改项，如图5-116所示。

图 5-114　主界面中的功能选项

图 5-115　"修图"的编辑界面

图 5-116　"效果"功能

5. 黄油相机

黄油相机是一款强大的Plog处理软件，内含海量的模板、滤镜、花体字和趣味贴纸供用户取用。

在图5-117中，黄油相机有许多类别的滤镜可供用户使用，用户可以直接选择与图片内容相似的滤镜应用，不用学习也能轻易上手修图。

在图5-118中，黄油相机有一部分付费功能供会员专享，但是用户依旧有许多免费素材可以选择。

图 5-117　模板分区

图 5-118　素材分区

制图要领——小红书图文笔记配图制作技巧

图片的制作是有一些小技巧的，博主们应该在尽可能维持真实状态的情况下，为了画面的美观与调性，对图片进行一定的后期制作。下面笔者分享6点制图的小技巧，供大家参考。

1. 尺寸一致

由于小红书平台的设置，如果博主上传的图片的尺寸不一致，系统会默认按照首图的比例对其他图片进行填充或裁剪，这样有可能会丢失笔记配图中的重要内容。因此，博主最好在制作图片时，首先将图片素材裁剪至符合小红书上传比例的统一尺寸。

2. 视觉冲击

拥有美观精致配图的小红书笔记较配图一般的笔记，更具视觉冲击力，总是更能够吸引用户的注意力，引起用户浏览笔记的兴趣，甚至可能获得用户的收藏与点赞。

因此，不论图文笔记的内容属于哪一主题或领域，图文笔记的配图都应该富有视觉冲击力，尽量给用户带去美的享受。

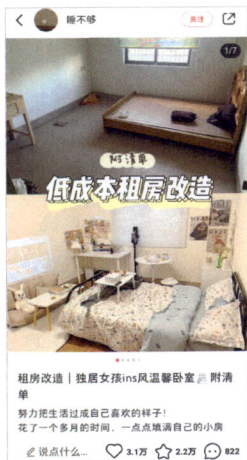

图 5-119　配图对比示例1

图 5-120　配图对比示例2

3. 体现对比

小红书的笔记配图可以根据笔记的内容，进行一定的后期制作，来表现产品内容或画面的前后对比。体现对比的配图常见于产品、物体或者教程的笔记中，如减肥塑形的前后对比、产品的使用前后对比、房间装修改造前后对比、调色前后对比等。图 5-119、图 5-120 所示为体现对比的笔记配图。

在合理的范围内，图片之间的反差越大，笔记内容的显示效果越好。为了更直观地体现图片内容的变化程度，拍摄图片时最好保持场景与角度一致。另外，博主可以在图片中加入简洁的语言，点明造成对比的手段或措施，并使用略微夸张的笔记文案，以引发用户的好奇心。

4. 风格统一

在制作小红书笔记配图时，应该遵循风格统一的原则，同一篇笔记的配图应该保持统一的风格。同一个账号的笔记文字风格一致，笔记配图风格统一，能够为账号营造记忆点。

博主可以在能够保证内容协调，没有违和感的基础上，尝试制作既美观有兼具内容特色的笔记配图。配图形成个人风格后，还能防止其他账号恶意盗图、搬运，维护自己的账号权益。

这种风格可以在账号的图片水印中体现，可以在统一的图片排版中体现，也可以在统一的图片色调上体现。

图5-121、图5-122所示为统一图片制作形式的个性化制图示例。

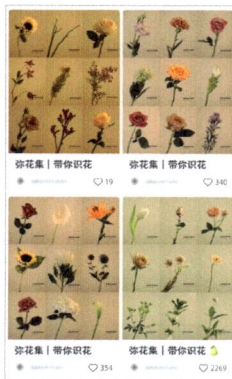

图 5-121　个性化示例1

图 5-122　个性化示例2

提示

大家在选择图片制作软件时，尽量选择带有类似"图片批量处理"功能的软件，这样可以大大提高制图效率，还可以避免一张一张制图出现的图片参数偏差。

5. 真实可信

体现真实、内容可信是制作笔记配图时必须坚持的原则。

配图的精美不能以牺牲内容的真实性为代价，尤其是一些产品与服务的推介笔记。图片中关于产品与服务的介绍和评价必须是真实的，不能弄虚作假，或者过度夸大，否则非但不会吸引用户，反而会造成流量的流失。图5-123、图5-124所示为适度制图，展示真实可信的笔记内容示例。

尤其是涉及人像的笔记配图，比如美妆妆面展示笔记，不建议博主做过多的后期处理，可以稍微修饰一下瑕疵，但不要修图过度。

图 5-123　示例1

图 5-124　示例2

6. 反映内容

制图的图片素材需要与笔记内容息息相关，博主应该让图片尽可能多地传达信息，让用户能够有所收获或者成功被吸引，如图5-125、图5-126所示。

图 5-125　反映内容示例1

图 5-126　反映内容示例2

除了上述制图要领外，笔者还有以下几点建议给大家，希望能够对大家的制图有所帮助。

一、多拍多练

俗话说："熟能生巧。"博主在闲暇时，应该多进行一些图文笔记配图的拍摄工作，并根据不同主题的配图制作要求，对图片进行有针对性的后期处理，以熟悉后期制图软件的各个功能。

与此同时，小红书上有很多关于制作图片的教程，既有全面系统的教程，也有针对某一制图流程或操作的教程，大家可以根据需要查看，多多学习。

二、学习借鉴

另外，大家在实际进行制图操作时，不能闭门造车，需要多看多学。建议大家在浏览其他小红书博主的笔记时，关注优秀的图文笔记配图，及时保存喜欢的图片，平时多多观察，记录制图灵感。也可以以喜欢的图片为模板，参照进行图片制作的练习，继而在模仿中积累经验和知识，从而内化为自己的制图风格。

5.3 本章小结

本章对小红书图文笔记配图的拍摄与优化进行了系统的介绍，希望能帮助大家提高制图水平，助力优质笔记的产出。

本章分别讲解了小红书图文笔记配图的拍摄与后期制作技巧，介绍了图片来源、图片内容以及拍摄技巧，说明了小红书图文笔记配图的上传、处理与设置要求，还总结了封面的制作技巧、图片制作的要领，并推荐了几款制作图片的常用工具，本章小结如图 5-127 所示。

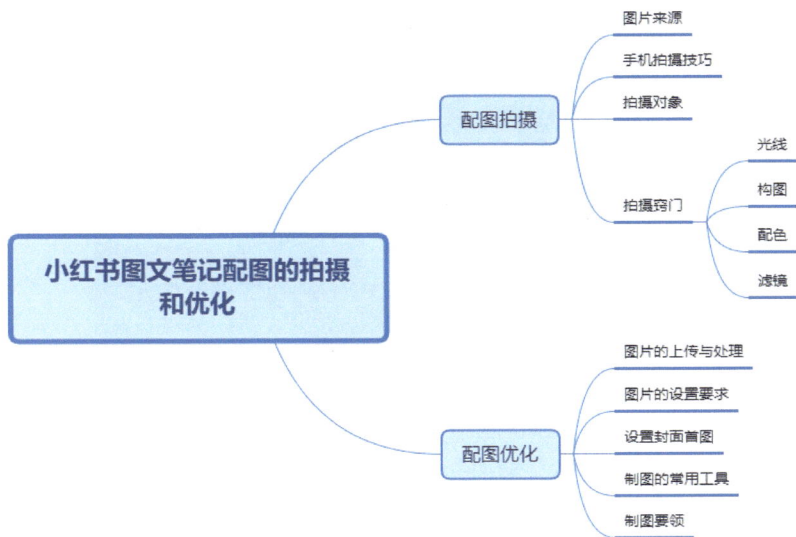

图 5-127 本章小结

第6章

小红书短视频笔记的创作

　　小红书中的笔记分为图文笔记和短视频笔记两种形式，在前文，我们已经讲解了图文笔记的创作要领以及配图的拍摄与优化，接下来为大家讲解短视频笔记的拍摄与后期处理，以及短视频笔记的创作要领。

6.1 短视频的拍摄与后期处理

一篇短视频笔记的视频，涉及创作脚本、内容拍摄以及素材的后期处理，本节将从短视频的拍摄工具与技巧、视频的剪辑与制作两大方面进行详细介绍。

拍摄功能——利用小红书拍摄短视频

作为一个分享、标记生活的平台，小红书有强大的短视频拍摄功能，在拍摄的过程中可以套用滤镜和使用美颜功能，拍摄完成后添加背景音乐，还可以进行简单的剪辑，然后快速将短视频上传到平台。本节简单介绍小红书 App 自带的短视频拍摄功能的基本使用流程。

❶ 点击小红书主界面下方的红色按钮"+"，如图 6-1 所示。系统默认打开的是手机的"相册"界面。如果短视频已经拍摄完成，可以直接从手机相册里选择短视频进行上传。

❷ 这里选择"相册"右边的"拍视频"选项，打开如图 6-2 所示的视频拍摄界面。

❸ 视频通常需要音乐来渲染气氛。在拍摄界面的上方，点击"选择音乐"按钮，进入"音乐库"界面，如图 6-3 所示，可以根据需要选择小红书 App 提供的音乐，也可以导入本地音乐。

| 图 6-1 拍摄视频入口 | 图 6-2 视频拍摄界面 | 图 6-3 "音乐库"界面 |

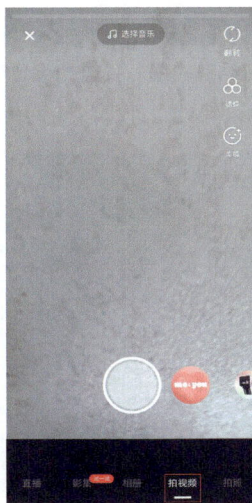

❹ 选择合适的音乐后，单击"使用"按钮，返回至拍摄界面。选择的音乐名称会自动显示在拍摄界面的上方。

❺ 对于一个好的短视频而言，色彩是至关重要的。小红书 App 自带丰富的视频滤镜，在拍摄界面右侧点击"滤镜"选项，即可打开如图 6-4 所示的"滤镜"设置界面，用户可以根据拍摄的题材和需求选择相应的滤镜，此时拍摄界面会自动显示套用滤镜之后的效果。

❻ 如果拍摄的是人像，可以开启小红书 App 的美颜功能，节省后期处理的时间。点击拍摄界面右侧的"美颜"选项，进入如图 6-5 所示的"美颜"设置界面，设置美颜的部位及美颜程度。

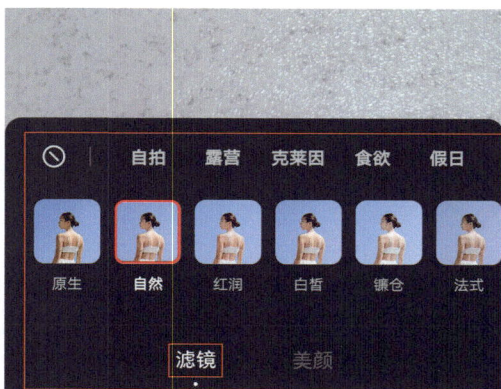

图6-4 "滤镜"设置界面

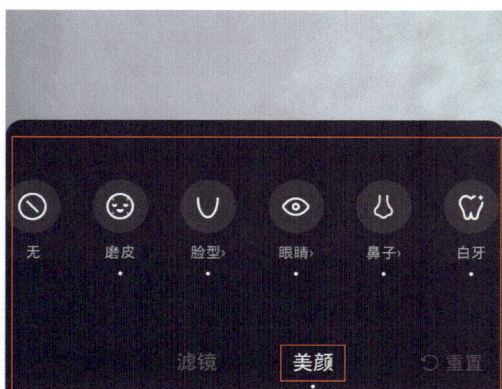

图6-5 "美颜"设置界面

❼ 为了增加视频的趣味性和可玩性，小红书App设置了道具和贴纸功能。在拍摄界面"拍摄"按钮右侧的道具和贴纸列表中，可选择所需的道具和贴纸，如图6-6所示。选择的道具和贴纸会自动显示在拍摄画面中，如图6-7所示。

❽ 经过上述设置后，点击"拍摄"按钮即可开始短视频的拍摄，小红书短视频有时长限制，拍摄时会显示拍摄时间，并且最上方会显示拍摄时长的进度条，如图6-8所示。

❾ 单击"拍好了"按钮可结束拍摄，并自动跳转至视频的后期处理界面，如图6-9所示。在此界面中可对视频进行进一步的后期加工。

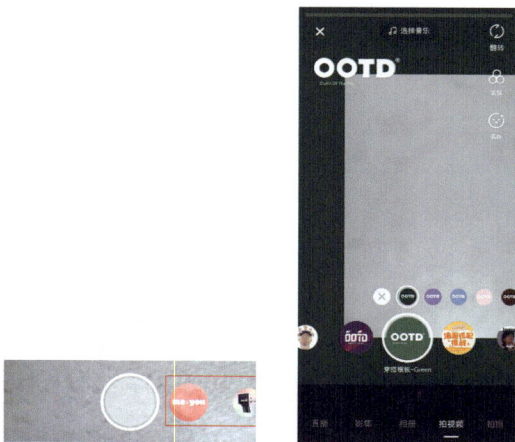

图6-6 选择道具和贴纸

图6-7 预览道具和贴纸效果

图6-8 短视频拍摄进度条

图6-9 视频后期处理界面

拍摄技巧——人人都能拍大片

拍视频不同于拍照片，照片是将时间定格，留住美好的瞬间，而视频则是延续这些瞬间，让更多的信息被记录。因此，视频拍摄的难度系数更大，博主必须掌握一些拍摄的技巧，才能让自己的视频脱颖而出。

1. 让画面动起来

视频的运动主要为了建立空间感,使拍摄的场景更加立体,这也是视频区别于照片的一个重要因素。视频的运动可以用两个方式实现。

一是相机的运动,也就是我们常说的镜头运动,例如推、拉、摇、移、升、降镜头等,图6-10所示为使用环绕的镜头运动,拍出动感的建筑视频画面。

图6-10　镜头运动拍出动感的建筑视频画面

二是拍摄主体的运动,此时镜头可以固定,让主体在镜头前走过或者朝着镜头走来,拍摄出主体在画面中运动的动感视频画面,如图6-11所示。

当然,也可以使相机与拍摄主体两者同时运动来获得更具节奏感的运动画面。

图6-11　固定镜头拍摄运动的主体

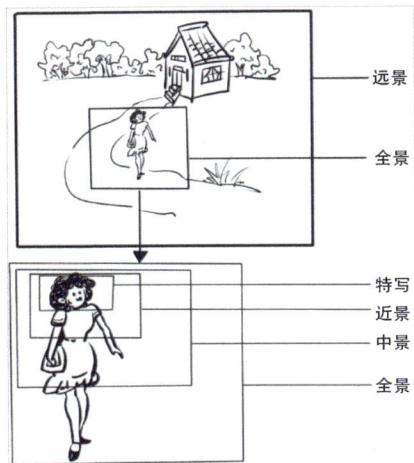

图6-12　各种不同的景别

2. 使用景别讲故事

景别是指因相机与画面主体的距离不同,主体在画面中所呈现出的不同的范围大小。景别一般分为远景、全景、中景、近景、特写,如图6-12所示。

(1)远景。远景是景别中视距最远、表现空间范围最大的一种景别。远景视野深远、宽阔,主要用于表现地理环境、自然风貌和开阔的场景与场面。

（2）全景。全景是表现人物全身形象或某一具体场景全貌的景别。全景主要用来表现被摄对象的全貌，同时为被摄对象保留一定范围的环境和活动空间，如图6-13所示。

（3）中景。中景是表现成年人膝盖以上部分或场景局部的景别，如图6-14所示。较全景而言，在中景画面中，人物整体形象和环境空间降至次要位置，它更重视具体动作和情节。

（4）近景。近景是表现成年人腰部以上部分或物体局部的景别。与中景相比，近景画面表现的空间范围进一步缩小，画面内容更单一，环境和背景的作用进一步降低，吸引观众注意力的是画面中占主导地位的人物形象或被摄主体。

（5）特写。特写是表现成年人肩部以上部分或某些被摄对象细部的景别。特写画面的画框较近景进一步接近被摄主体，常用来从细微之处揭示被摄对象的内部特征及本质内容。

景别代表着不同的画框范围，在讲故事的时候各司其职，犹如交响乐队一样，把环境、人物、动作、情绪恰当地呈现出来。

图6-13　全景拍摄

图6-14　中景拍摄

3. 多角度拍摄视频

在拍照片的时候，通常需要寻找一些角度，让照片拍出来更好看。拍视频也是如此，从不同的角度拍摄到的画面意境也不同，常见的取景角度有平拍、俯拍和仰拍。平拍是拍视频最常用的方式之一，保持相机水平拍摄即可，如图6-15所示。

图6-15　平拍

俯拍是从上至下进行拍摄，相机的位置高于被摄主体，可以拍摄到比较多的环境，如图6-16所示。

仰拍则是降低相机的位置，从下往上进行拍摄。仰拍人物可以显得人物高大，凸显其形象；仰拍建筑则可以体现建筑的宏伟高耸，如图6-17所示。

图6-16　俯拍

图6-17　仰拍

4. 画面稳定，防抖是关键

　　许多新手初次拍摄视频时，画面抖动的幅度大，观看时容易产生眩晕感。想要有效提高拍摄时的画面稳定性，可以利用一些稳定"神器"来解决，常用的有三脚架和稳定器等。

　　（1）三脚架。在拍摄一些固定机位、特殊的大场景或进行延时视频拍摄时，使用三脚架可以很好地稳定拍摄设备，并且能帮助拍摄者更好地完成一些相机的推拉和提升动作，三脚架固定设备如图6-18所示。

　　（2）稳定器。为了避免画面抖动，使用固定镜头拍摄虽然可以降低操作难度，但单纯的固定镜头也会使得视频枯燥无味，此时手持设备运动拍摄就非常有必要了。在进行手持设备运动拍摄时，想要拍出稳定又流畅的运动画面，不妨将设备加装在稳定器上使用，稳定器固定设备如图6-19所示。稳定器可以让用户在站立、走动甚至跑动的时候都能够拍摄出稳定、顺畅的画面。稳定器的核心就是三轴陀螺仪和配套的稳定算法。

图6-18　三脚架

图6-19　稳定器

5. 使用空镜头渲染气氛

空镜头又称"景物镜头"，是画面中不出现人物（主要指与剧情有关的人物）的镜头。其常常用来介绍故事的环境背景，交代时间、空间，抒发人物情绪，推进故事情节，表达作者态度等，具有说明、暗示、象征、隐喻等功能。

在视频中使用空镜头就像写文章时进行景物描写一样，能够产生借物喻情、见景生情、情景交融、渲染意境、烘托气氛、引起联想等艺术效果，其在画面的时空转换和调节影片节奏方面也有独特作用。

空镜头有写景与写物之分，前者统称风景镜头，往往用全景或远景表现；后者又称"细节描写"，一般采用近景或特写。空镜头已不只是单纯地描写景物，而成为影片创作者将抒情手法与叙事手法相结合，增强影片艺术表现力的重要手段。

剪辑制作——视频剪辑常用 App

拍摄是短视频创作过程中相对比较简单的环节，想要得到满意的画面效果，后期处理是必不可少的。有拍摄经验的短视频创作者都知道，一些专业的剪辑软件只能在 PC 端运行，并且操作较为复杂，新手很难在短时间内上手；大多数移动端剪辑软件的操作都比较简单，并且功能全面，能做到随拍随剪，快速且高效地满足用户的制作需求。

因此这里仅介绍几款常用且好用的移动端视频剪辑类 App。

1. 剪映

剪映是由抖音官方推出的一款手机视频编辑工具，可用于手机短视频的剪辑、处理和发布。随着剪映 App 的每一次更新升级，它的剪辑功能也逐步完善，操作也变得越来越便捷。图6-20和图6-21所示为剪映 App 图标及宣传海报。

图6-20　剪映 App 图标

进入剪映后，首先看到的是如图6-22所示的开始界面。点击开始界面中的"开始创作"按钮"⊞"，进入素材添加界面，选择相应素材并点击"添加"按钮，即可进入视频编辑界面。该界面可大致分为预览区域、轨道区域和工具栏3个区域，如图6-23所示。

下面对视频编辑界面中底部工具栏的各项功能按钮进行介绍。

■ 剪辑✂：点击该按钮，即可展开其二级操作界面，并使用其中的功能对素材进行各项剪辑操作。

图6-21　剪映宣传海报　　　　　图6-22　剪映开始界面　　　图6-23　剪映视频
编辑界面

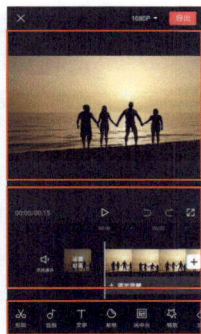

- ■ 音频♪：点击该按钮，即可展开其二级操作界面，以完成音频的添加和编辑操作。
- ■ 文字T：点击该按钮，即可展开其二级操作界面，以完成文字的编辑和处理操作。
- ■ 贴纸◑：点击该按钮，可在展开的列表中选择不同类型的贴纸添加到视频画面中。
- ■ 画中画▣：可在当前镜头上方再次添加一组动态或静态素材。
- ■ 特效❋：点击该按钮，可在展开的列表中选择内置特效，为视频画面添加动感、梦幻、光影等特殊效果。
- ■ 滤镜◎：点击该按钮，可在展开的列表中选择各种风格的滤镜效果。
- ■ 比例▢：点击该按钮，可在展开的列表中选择不同的画幅比例应用到视频画面中。
- ■ 背景▨：点击该按钮，即可展开其二级操作界面，以设置不同类型的视频画面背景。
- ■ 调节▤：点击该按钮，即可展开其二级操作界面，对视频画面进行"亮度""对比度""饱和度"等参数的调整。

2. 巧影

巧影App视频编辑功能齐全，支持多重视频叠加及创意组合效果制作。在巧影的编辑界面中包含视频层、特效层、文本层、贴纸层和手写层，即使是初次使用该软件的用户，也能对内容的布局一目了然。图6-24和图6-25所示为巧影App图标及开始界面。

打开巧影后，点击界面中央的创建按钮"▦"，将显示"选择画面比例"界面，如图6-26所示，用户可以选择所需视频比例创建影片剪辑项目，一般较为常用的短视频画面比例为9∶16和16∶9。

图6-24　巧影App图标

图6-25　巧影开始界面

此处选择任意一个画面比例，进入视频编辑界面，此时可在界面上半部分的素材库中，选择需要导入的视频素材，如图6-27所示。

选择任意素材，点击右上角的确定按钮"◉"，此时选择的视频素材被导入巧影。界面左侧为系统设置工具栏，中间为预览区域，右上角为编辑功能面板，下方则是时间轴面板，如图6-28所示，根据文字提示，可找到对应工具使用。

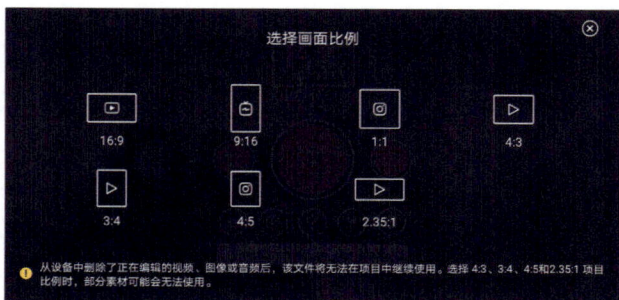

图6-26　选择画面比例

图6-27　选择导入视频素材

图6-28　巧影操作界面

3. Videoleap

有些手机视频编辑软件虽然简洁好用，但基本功能单一，而Videoleap却做到了兼具易用性和专业性。Videoleap最大的亮点在于其创造性很强，使用这款软件可以轻松地完成素材混合、蒙版、特效、字幕、色调调整、配乐、转场动画等专业级操作。图6-29和图6-30所示为Videoleap App的图标及开始界面。

点击Videoleap开始界面中的创建按钮"➕"，选择需要进行编辑的视频或图像素材，进入视频编辑界面。Videoleap的编辑界面和剪映的编辑界面类似，同样分为预览区域、轨道区域和工具栏。与另外两个剪辑软件不同的是，在Videoleap中点击预览区域右下角的"◉"

图6-29　Videoleap图标

按钮，可以全屏预览视频，如图 6-31 和图 6-32 所示，这个功能可以让用户在视频剪辑的过程中，更加清晰地查看视频效果，以便边剪辑边修改。

图 6-30　Videoleap 开始界面　　　图 6-31　点击全屏预览按钮　　　　图 6-32　全屏预览视频

添加要素——字幕、转场、特效让短视频更生动

对于短视频的制作来说，除了基础的素材剪辑之外，博主们还需要另辟蹊径，在原有视频素材的基础上，为视频添加新奇的要素，让视频更具吸引力。这里以剪映为例，介绍一些短视频的基本处理方法及剪辑技巧，让视频效果更生动、更出彩。

1. 添加字幕让短视频更丰富

从某种程度上来说，人们对于字幕的关注远高于对画面的关注，为视频添加字幕，可以更好地吸引观众的目光，并能引导观众发现和理解视频内容的潜在意义。

❶ 打开剪映并添加素材，在未选中素材的状态下点击底部工具栏中的"文字"按钮"T"，然后点击"新建文本"按钮"A+"，如图 6-33 和图 6-34 所示。

❷ 此时将弹出文字输入框，如图 6-35 所示，输入文字后，文字内容将同步显示在预览区域中，如图 6-36 所示，完成后点击"确定"按钮"✓"，即可完成字幕的添加。

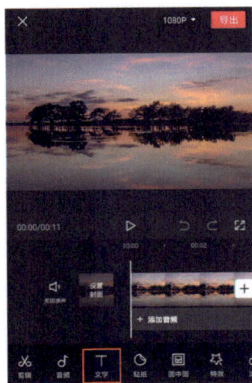

图 6-33　点击"文字"按钮　　图 6-34　点击"新建文本"按钮　　图 6-35　弹出文字输入框　　图 6-36　输入文字内容

2. 运用坡度变速让短视频更有节奏

在短视频平台中流行一种忽快忽慢的视频效果，这种效果一般被称为坡度变速效果。使用剪映中的曲线变速功能可以轻松制作坡度变速视频。

❶ 在剪映中创建剪辑项目并添加视频素材后，选中轨道区域，点击底部工具栏中的"变速"按钮"⏱"，如图6-37所示，接着点击"曲线变速"按钮"📈"，如图6-38所示。

❷ 在"曲线变速"工具栏中罗列了不同效果的变速曲线，包括"原始""自定""蒙太奇""英雄时刻""子弹时间""跳接""闪进""闪出"。点击任意一个按钮，该按钮会变为红色并出现"点击编辑"字样，如图6-39所示，再次点击该按钮，可打开曲线编辑面板，此时用户可对变速曲线进行自定义调整，如图6-40所示。

| 图6-37 点击"变速"按钮 | 图6-38 点击"曲线变速"按钮 | 图6-39 选择变速曲线 | 图6-40 自定义变速曲线 |

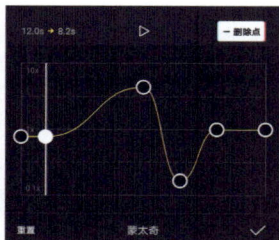

3. 运用滤镜让短视频更有氛围

为视频添加滤镜，可以很好地掩盖拍摄时形成的缺陷，并能使画面更加生动、绚丽。手机端的剪辑软件大都为用户提供了滤镜，运用这些滤镜可以美化视频画面，模拟出不同风格的艺术效果，使视频作品更加引人瞩目。

❶ 在剪映中添加视频素材后，点击底部工具栏中的"滤镜"按钮"🎞"，如图6-41所示，进入滤镜列表，选择其中任意一款滤镜，将其应用到所选素材中。

图6-41　点击"滤镜"按钮

图6-42　选择"雾山"滤镜

❷ 通过拖动滤镜列表上方的滑块可以改变滤镜的应用强度。这里添加了"雾山"滤镜,可以发现视频画面中原本较暗的地方被提亮了,整体明亮了许多,如图6-42所示。完成操作后点击右下角的确定按钮"☑",完成滤镜的添加。

4. 添加转场让短视频过渡更自然

滤镜可以增强画面效果,转场则应用于相邻素材片段之间,作为旧内容结尾和新内容开头之间的过渡。转场可以实现镜头的切换,它标志着一段内容的结束及另一段内容的开始。合适的转场不仅可以实现场景或情节之间的平滑过渡,还能达到丰富画面、吸引观众的效果。

❶ 在剪映中添加两段色彩变化较大的视频,然后点击两个视频素材之间的转场按钮"▯",如图6-43所示。

❷ 打开转场列表,该转场列表包含了"基础转场""运镜转场""MG转场"等不同的转场效果。接着,点击所需的转场效果,如"基础转场"下的"滑动"转场,如图6-44所示。选择转场效果后,还可以通过左右拖动下方的滑块来调整转场的时长。

❸ 点击右下角的确定按钮"☑",应用转场效果,可以看到添加了"滑动"转场效果后,画面会通过向左滑动的方式从偏暖色的公路场景转换到偏冷色的公路场景,如图6-45所示。

图6-43　点击转场按钮

图6-44　选择转场效果

图6-45　查看转场效果

5. 调色让短视频更出彩

调色是编辑视频时不可或缺的一项操作，画面颜色能在一定程度上决定作品的好坏。短视频调色会常用几种流行色调，比如旅行或风景类的视频会使用以青色和橙色为主的青橙色调，如图6-46所示；夜晚的街景视频则多使用黑金色调，如图6-47所示。

图6-46　青橙色调

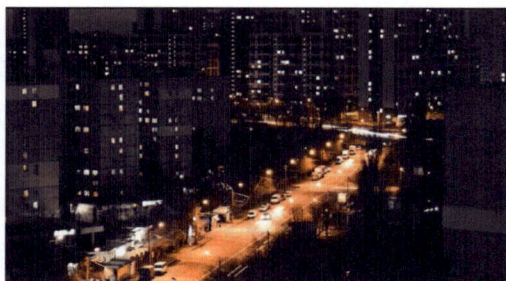

图6-47　黑金色调

在剪映中，除了可以添加滤镜来一键改善画面色调，还可以通过手动调整亮度、对比度、饱和度等色彩参数，进一步营造自己想要的画面效果。在剪映中导入视频或图像素材后，点击底部工具栏中的"调节"按钮 "⇄"，打开调节列表，即可对选中的素材进行调色，如图6-48和图6-49所示。

完成调色后，在轨道区域中会生成一段可调整时长和位置的调色素材，如图6-50所示。

图6-48　点击"调节"按钮

图6-49　调整饱和度

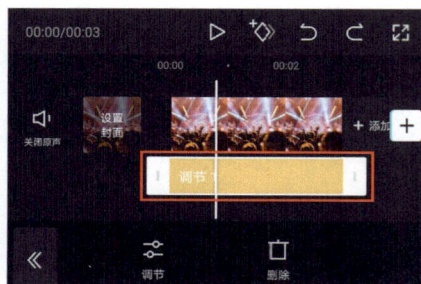

图6-50　生成的调色素材

调节列表中包含了"亮度""对比度""饱和度""色温"等色彩调节参数，各参数含义如下。

- 亮度：用于调整画面的明亮程度。数值越大，画面越明亮。
- 对比度：用于调整画面的黑与白的比值。数值越大，从黑到白的渐变层次就越多，色彩的表现也会更加丰富。
- 饱和度：用于调整画面色彩的鲜艳程度。数值越大，画面饱和度越高，画面色彩就越鲜艳。
- 光感：用于调整画面光感，可有效提升较暗画面的整体亮度。

- 锐化：用来调整画面的锐化程度。数值越大，画面细节越丰富。
- 高光 / 阴影：用来调整画面中的高光或阴影。
- 色温：用来调整画面中色彩的冷暖倾向。数值越大，画面越暖；数值越小，画面越冷。
- 色调：用来调整画面中色彩的颜色倾向。
- 褪色：用来调整画面中颜色的附着程度。
- 暗角：用来调整画面的暗角程度，即降低画面 4 个角的亮度。
- 颗粒：用来增加画面的颗粒感，增加画面质感。

6. 画中画让短视频更炫酷

"画中画"，顾名思义就是使画面中再出现一个画面。通过剪映中的"画中画"功能，不仅能使两个及两个以上的画面同步播放，还能通过该功能实现简单的画面合成操作。

❶ 在剪映中导入一段背景素材后，点击底部工具栏中的"画中画"按钮"回"，如图6-51所示。然后点击"新增画中画"按钮"回"，如图6-52所示。

❷ 再次从相册中选择一段视频素材或图像素材导入，即可实现画中画效果，如图6-53所示。

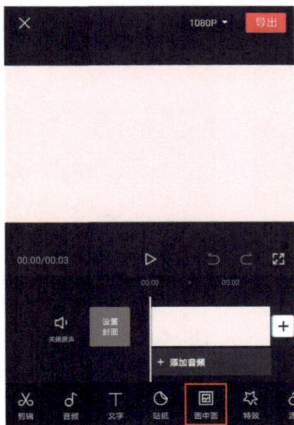

图6-51　点击"画中画"按钮　　　图6-52　点击"新增画中画"按钮　　　图6-53　画中画效果

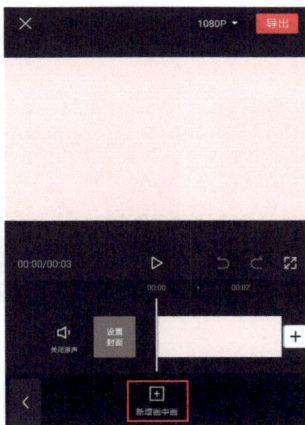

7. 巧用特效和贴纸让短视频更有趣

如果想为短视频增加一些趣味性，可以考虑在后期处理片段时添加特效或贴纸，使原本平淡的画面变得更加引人注目。下面分别为大家介绍添加特效和贴纸的操作方法。

❶ 在剪映中导入素材后，点击底部工具栏中的"特效"按钮"🌠"，如图6-54所示。在展开的特效列表中选择所需特效类型，如图6-55所示。

❷ 剪映提供的动画特效类型众多，在抖音平台上较火的三分屏视频、模糊开场特效、动态边框、电影开幕效果等，都可以在这里找到。添加不同特效可营造出不同的画面风格，如图6-56、图6-57、图6-58所示。

为素材添加贴纸的操作方法如下：打开剪映并添加素材，在未选中素材的状态下点击底部工具栏中的"贴纸"按钮"🌙"，即可在展开的贴纸列表中选择所需贴纸，如图6-59和图6-60所示。

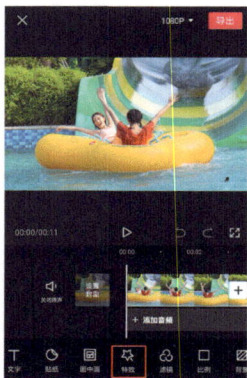

图6-54 点击"特效"按钮　　图6-55 选择特效类型　　图6-56 "细闪"特效　　图6-57 "胶片"特效
　　　　　　　　　　　　　　　　　　　　　　　　　　　　　效果　　　　　　　　　　效果

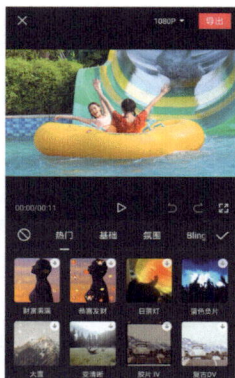

图6-58 "日历"特效　　　图6-59 点击"贴纸"　　　图6-60 添加贴纸效果
　　　　效果　　　　　　　　　　　按钮

8. 添加音乐与音效让短视频更生动

在剪映中，用户不仅可以为短视频添加音乐，还可以为短视频添加不同类型的音效，以此来丰富短视频给观众带来的视听体验感。

在剪映的视频剪辑界面中，点击轨道区域中的"添加音频"按钮"➕ 添加音频"，或点击底部工具栏中的"音频"按钮"♪"，如图6-61所示，即可打开下一级功能列表，如图6-62所示，对短视频进行添加音乐、音效、提取音乐、录音等操作。

音频功能列表参数介绍如下。

- ♪音乐：点击该按钮，可以进入"添加音乐"界面（即剪映音乐素材库），如图6-63所示，界面上半部分为音乐类型板块，下半部分为音乐列表。

- 🎵音效：点击该按钮，可展开音效列表，如图6-64所示。音效列表对音效进行了分类，用户可以根据需求在类别中进行查找。点击

图6-61 单击"音频"按钮

任意音效右侧的"下载"按钮"⬇",可以下载并试听音效；下载完成后，点击"使用"按钮"使用"（下载音效后会出现）便可以将音效添加到剪辑项目中；点击"收藏"按钮"☆"，音效将被收录到收藏的音效列表中，方便用户下次快速调用。

- ■ 📁提取音乐：点击该按钮，可从本地相册中选择视频，对视频的音频进行提取，并应用到剪辑项目中。
- ■ 🎵抖音收藏：点击该按钮，可进入对应功能板块。只要用户提前在剪映中关联了抖音账号，即可将抖音中收藏的音乐关联至剪映素材库，以便随时调用。
- ■ 🎤录音：点击该按钮后，跳转至录音界面，此时长按红色的录制按钮"🔴"，即可实时为视频素材录制旁白，如图 6-65 所示。

图6-62　音频工具列表　　　图6-63　"添加音乐"　　　图6-64　音效列表　　　图6-65　录音界面
　　　　　　　　　　　　　　　　　　界面

6.2　短视频笔记的创作要领

　　视频笔记创作涉及 3 个关键的构成要素，即主题、内容和情节设计。本节将从主题的选择、内容的构思、脚本和文字的编辑、处理要领 4 个方面，具体介绍视频笔记的创作要领。

选择主题——策划短视频笔记的主题

　　博主在发布短视频笔记时，笔记定位要清晰，契合账号的整体内容领域，所以创作短视频笔记的第一步就是策划短视频笔记的主题。作为小红书运营的新手，可以先考虑自己感兴趣的内容领域和方向。

　　在当前的小红书平台，短视频笔记的创作内容大致形成了 4 个热门方向，其本质共同体现着用户求真求实的信息需求。

1. Vlog——记录真实生活

　　Vlog（Video Blog），即视频博客或视频日志。在小红书平台上，众多博主通过拍摄 Vlog 记录自己的真实生活，并将其分享至小红书与其他用户分享交流。

　　博主的 Vlog 只要是生活中相关的内容即可，可以涉及衣食住行、学习提升等多个领域，所以很多新人博主若还没有明确的账号的运营方向与内容创作的目标，可以先将Vlog作为自己的账号运营内容，从记录真实生活开始锻炼自己创作短视频笔记的能力，并从中找到更贴合自身情况的小红书账号运营方向。

图6-66所示为某学习博主的Vlog短视频笔记，该短视频以博主自己的书桌为主要拍摄场景，拍摄自己日常学习的桌面摆设、学习情况。这类Vlog短视频笔记的视频内容可以是一段时间的学习生活的汇总，也可以是某一天整个学习过程的记录与摘取。

图6-67所示为某Vlog博主的Vlog短视频笔记，该短视频以博主与几位好友的假期旅行为记录对象，分享了几位年轻女孩在新疆旅行的趣味内容。

图6-66　Vlog短视频笔记示例1

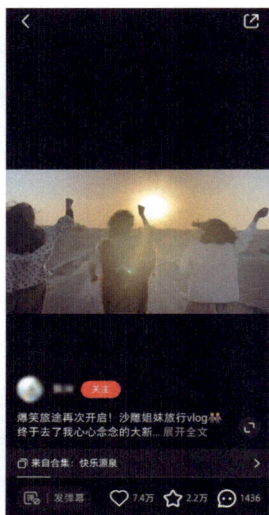

图6-67　Vlog短视频笔记示例2

2. 测评体验——还原真实产品

测评体验主题的短视频笔记是指博主根据某一种或某一类型的产品进行体验，按照一定标准对其进行参照评价，并分享给各位小红书用户。该主题短视频笔记的核心创作原则是向大众还原真实产品，分享自己的真实体验，帮助用户更加真实客观地了解、认识某样产品。

图6-68所示为某博主测评葡萄口味零食的短视频笔记画面。图6-69所示为某博主就"网红"鲜花网店的购物体验进行的分享与测评。

图6-68　测评类短视频笔记示例1

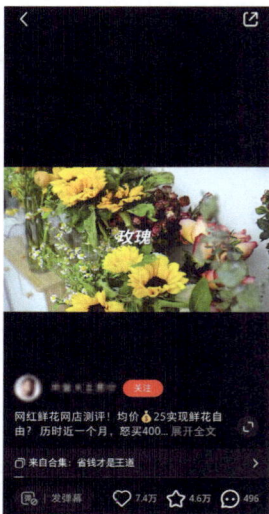

图6-69　测评类短视频笔记示例2

3. 内容教程——分享操作干货

日常生活中存在很多巧妙的小窍门，大众对自身不熟悉的领域存在好奇心，对于不同领域的介绍操作存在一定的猎奇心理。

内容教程主题的短视频笔记就很好地迎合了用户们的好奇心与实际生活中的某种操作需要。以内容教程为主题的短视频笔记主要是给用户分享某种物品的制作方式，或是某种操作的干货。比如做某个小

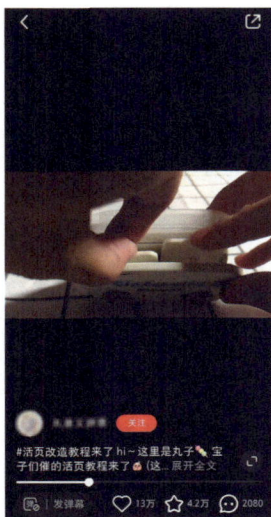

图6-70　教程类短视频
笔记示例1

图6-71　教程类短视频
笔记示例2

手工作品、叠衣服、做水果拼盘、抓娃娃等生活中常涉及的技能。

图6-70所示为某博主创作的改造活页夹的操作教程，图6-71所示为某博主创作的利用发夹快速打造4个不同发型的操作教程。

4.知识观点——输出个人经验

在小红书中，知识观点主题的短视频笔记主要涉及职场知识、个人成长、素材推荐、新媒体知识等内容。如果博主能够在账号中分享一些基于个人经验的、真实有效的知识观点就可以吸引小红书用户。

图6-72　知识类短视频
笔记示例1

图6-73　知识类短视频
笔记示例2

很多人在使用英语进行交流时，难免会受中文思维的影响，说出中式英语。在图6-72中，该博主以中式英语为话题，创作了一篇以职场中常见的中式英语为内容的短视频笔记，帮助用户提高自身的英语表达能力，获得了很多用户的点赞和收藏。

图6-73所示为某博主创作的关于知识管理系统的知识主题短视频笔记，在小红书收获了不低的热度。

提示

小红书的主题创作是相对自由的，只要博主创作的内容积极向上，不涉及国家、民族、政治等敏感话题，博主就可以自由地选择自己感兴趣的话题与领域进行短视频笔记的创作，上述4个笔记主题仅供大家参考。

构思内容——内容是短视频的核心

确定好拍摄主题后就需要构思短视频的具体内容了。

首先要设计好短视频的开头和结尾。开头应该要能够引起观众的兴趣，结尾应该深化或总结短视频内容，使用户能够获得完整的、良好的观看体验，从而促使用户点赞、收藏、评论，甚至分享。

1. 需求性

再优秀的运营与推广，都只能起到提高引流效率与增加变现机会的作用，短视频笔记能否帮助账号持续变现，最终还是依赖于笔记的内容。

笔记的内容能否成为干货，或者优质内容是否能够吸引用户关注并且保持不脱粉，需要博主从账号定位出发，针对账号的目标用户及潜在用户，进行用户需求的分析。在竞争激烈、门槛较低的短视频领域，博主只有在精准分析用户需求的基础上，寻求内容突破与创新才能实现流量的持续变现。

在图6-74中，该博主以"热爱生活的大学生"的身份记录自己的日常生活与饮食，将目标用户定位到了女大学生与年轻的独居女生群体，通过分享自己的生活来满足该群体的娱乐浏览需求。

图6-74　Vlog博主短视频

2. 知识性

随着人们生活节奏的加快，碎片化阅读愈加普遍，这也是短视频能够发展得如此火爆的原因。但是，碎片化阅读改变的是人们对于知识的接收方式与效率，并没有改变人们对知识的需求，所以构思短视频的内容时一定要注重知识性。

如果用户浏览一篇短视频笔记，在获得休闲的同时能够收获到一定的干货，其一定会对该笔记进行点赞甚至收藏、互动，也会对短视频笔记有所记忆与好感。

3. 实用性

若博主创作的短视频笔记是知识主题、内容教程主题或是其他知识类内容的笔记，建议博主在构思内容时注重内容的实用性。

实用的笔记更贴近用户的生活，在更具可操作性的同时能够吸引用户运用、实践相关内容，从而能够方便笔记或是后续运营内容收到相关的反馈与互动。图6-75所示为某博主创作的关于利用电子设备进行学习、办公的知识类短视频笔记，内容符合年轻用户的生活需求，并且具有很强的实践性，整个系列的短视频笔记的热度都很不错，受到了小红书用户的欢迎。

图6-75　实用的博主短视频

4. 软广告

广告分为硬广告和软广告。如果短视频笔记的文字和视频只是一条生硬的广告，而没有辅以合理的内容与场景，容易给浏览的用户造成不适，并且使账号在用户面前留下负面印象。

如果短视频笔记的创作是以营销推广为目的，而不是单纯的内容分享，博主应该在广告内容方面多下功夫，把笔记的文字内容、短视频内容与广告推广相结合，使广告内容与笔记内容有机融合。

> **拓展延伸**
>
> 硬广告是指直接介绍产品、服务内容的传统形式的广告，比如通过设置广告牌、在电视台播出等形式进行产品的宣传。
>
> 软广告指广告主并不直接介绍产品、服务，而是通过在报纸、杂志、网络、电视节目、电影等宣传载体上插入带有主观指导倾向性的文字、画面、短片，或通过赞助社会活动、公益事业等方式来达到提升广告主企业品牌形象和知名度，或促进广告主企业产品销售的一种广告形式。比如在某个视频片段中植入某产品的特写。

5. 谨慎性

小红书的短视频笔记面向大众，一个公开运营的账号的运营者应承担公众责任。博主想要成功运营账号，在内容的构思方面，需要具备谨慎性。

博主在对账号和调性进行了深入了解的情况下，创作符合受众的有效内容时，要注意不涉及敏感话题与内容，其中包括但不限于政治敏感话题、戏谑历史人物、违背公序良俗、未经确定的负面新闻和谣言。

编辑脚本和文字——凸显短视频主题

明确了短视频笔记的主题，并将笔记的内容基本构思完毕后，下一步就是根据短视频笔记的主题和内容编辑短视频的脚本以及笔记的文字内容，这一步要围绕短视频的主题展开。

1. 短视频脚本

短视频脚本是指创作者在拍摄短视频时的拍摄依据与框架，它相当于一个详细的拍摄项目安排表，安排好了拍摄的每一步，一般没有遗漏，方便相关人员进行拍摄前期的准备，有条不紊、高效地完成拍摄计划，并且能够提高短视频的拍摄质量。

短视频拍摄脚本的撰写，主要涉及画面顺序（即镜号）、景别、镜头运用、时长、画面内容、备注和音效，如图6-76所示。博主在构思短视频的内容时，编辑脚本能够帮助博主全面地记录计划拍摄的镜头内容，并方便后续文字内容的编写与修改。

镜号	景别	镜头运用	时长	画面内容	备注	音效

图6-76　脚本内容参考

短视频脚本可以是纯文字类脚本，可以是图文结合类脚本，也可以是利用AE、Pr等视频制作软件制作的简易动画类脚本，脚本内容能够达到辅助拍摄的目的即可。图6-77所示为纯文字类脚本示例。

镜号	景别	镜头运用	时长	画面内容	备注	音效
			5s	logo		
			4s	黑幕		
1	特写	定	5s	箱子被打开，一只手伸进来	机子放在箱子内	箱子打开声音+蝉鸣渐入
2	全景	定	10s	一位大叔站在便利店门口的冰箱前，旁边放着一箱刚开起来的矿泉水。大叔正将水一瓶瓶摆进冰箱，然后将冰箱门关上	冰箱门关上的一瞬间切镜3	冰箱门关上的声音+蝉鸣
3	特写	拉远至全景	7s	冰箱中的第一瓶矿泉水		蝉鸣
4	全景	定	20s	一位送报的年轻人骑着自行车来送报纸，将报纸给老板后准备上车，突然想到什么，于是下车到冰箱里拿了一瓶矿泉水，结账，喝了几口水，将水放进车篮		蝉鸣
5	全景	跟	15s	年轻人走街串巷送报纸，不时停下喝几口水		环境音

图6-77　纯文字类脚本示例

2. 笔记文字

笔记文字涉及标题和开头、内容话题、内容表达3方面。

（1）标题和开头

短视频笔记标题的显示方式与图文笔记标题的显示方式一样，重要性不言而喻。笔记标题一定要能直观地体现笔记内容，最好能够戳中用户的痛点。短视频笔记的标题可采用以下几种方式来编写。

数字突出式标题：在标题中使用数字，吸引用户的注意力，如图6-78、图6-79所示。

塑造场景式标题：通过简单的标题语言为用户打造有关笔记内容的场景，勾起用户的点击欲望，如图6-80、图6-81所示。

图6-78　使用数字的笔记标题1

图6-79　使用数字的笔记标题2

图6-80　塑造场景式标题1

图6-81　塑造场景式标题2

灵活借势式标题：通过借势热点和流行元素来编辑短视频笔记的标题，能够使笔记借助热点的自有热度来增加笔记的热度和曝光度，如图6-82、图6-83所示。

重点前置式标题：博主在撰写笔记标题时可以将笔记的核心关键词放置在标题前半段，突出笔记内容，使标题更有冲击感，这种标题还能够帮助笔记被目标用户精确检索，如图6-84、图6-85所示。

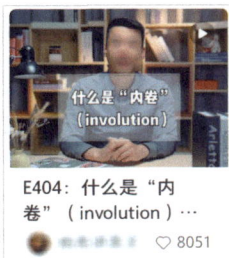

图 6-82　灵活借势
式标题 1

图 6-83　灵活借势
式标题 2

图 6-84　重点前置
式标题 1

图 6-85　重点前置
式标题 2

> **提示**
>
> 博主在精心编写标题时务必注意避免成为"标题党"。

短视频的开头一般有两种形式。一种是极具个人特色的开场白,趣味或搞怪的开场白或个人介绍也将成为一个标签,变成博主的记忆点。另一种是直接进入主题,开始短视频内容,这是小红书上大部分短视频笔记的开场形式,相较于第一种也更加简单。

（2）内容话题

内容话题是短视频笔记吸引用户阅读的关键所在。博主可以在笔记的文字内容中添加更多关于短视频内容的话题关键词,从而帮助更多的潜在用户检索到短视频笔记,有效增加笔记热度。图 6-86、图 6-87 所示为给短视频笔记添加相关话题的示例。

（3）内容表达

短视频笔记的内容不仅要言简意赅,更要在短时间内生动形象地表达内容。不管是教学视频、科普视频、搞笑视频,还是简单地分享生活的 Vlog,都要与屏幕前的用户产生交流感,如图 6-88 所示。

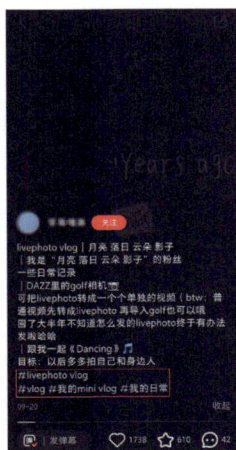

图 6-86　短视频笔记添加
相关话题的示例 1

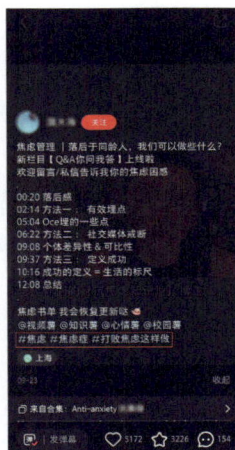

图 6-87　短视频笔记添加
相关话题的示例 2

图 6-88　有交流感的短视
频笔记

处理要领——短小精悍、亮点十足

短视频笔记的短视频素材拍摄完毕，文字内容也编辑完成后，只需要将短视频素材按照拍摄计划和笔记内容的需要进行后期剪辑制作，即可完成短视频笔记的编辑工作，然后就可以将短视频笔记进行发布了。

短视频的处理主要涉及视频时长、视频封面和剪辑节奏3个方面，每一方面都应该围绕短视频的"短"来展开，力求将短视频制作成短小精悍、亮点十足的佳作。

1. 时长不宜过长

小红书上支持发布最长15分钟的短视频，但在信息碎片化时代，为了保证较好的完播量，让用户能够看完整个短视频，建议将短视频时长控制在2～3分钟。尤其是一些节奏较慢的展示性质的短视频，时间过长就可能会让用户失去观看的耐心。图6-89、图6-90、图6-91所示为小红书上的生活类短视频笔记，视频时长普遍较短。

即使是教学类、科普类的短视频笔记，也建议博主将视频时长控制在5～8分钟。这类干货视频本就容易使人产生疲劳感，如果内容较多，建议拆分成小片段来发布，形成一个系列，这样不仅能够增强视频内容的吸引力，还能够吸引粉丝持续关注，如图6-92、图6-93、图6-94所示。

图6-89　Vlog短视频笔记

图6-90　美食短视频笔记

图6-91　穿搭短视频笔记

图6-92　教学类短视频笔记1

图6-93　教学类短视频笔记2

图6-94　教学类短视频笔记3

2. 封面要醒目

由于小红书的视频封面只能通过从视频中截取画面进行设置，建议博主将制作好的视频封面作为开头嵌入视频，如图6-95、图6-96、图6-97所示，这样能使视频结构更加清晰完整。

小红书中的视频比例尺寸有3种：竖屏3:4，正方形1:1，横屏4:3。其他长方形尺寸会自动裁剪或填充为3:4或4:3的尺寸，例如9:16的视频填补成3:4的视频，16:9的视频会自动裁剪成4:3的视频。从横版和竖版的屏幕占比来看，笔者推荐3:4的尺寸，因为其既能保留完整的封面内容，也能占据较大的屏幕空间。

图 6-95　封面示例 1

图 6-96　封面示例 2

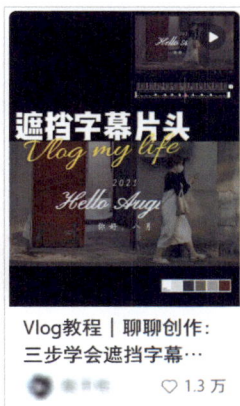

图 6-97　封面示例 3

3. 剪辑节奏紧凑

生活节奏越来越快，越来越多的人渴望在短时间内获取大量的信息。短视频的特点就是短而精，要想在1分钟或者2分钟左右的视频里吸引用户的注意，节奏就要快并紧凑，以贴合短视频用户的观看习惯，而不要有太长的铺垫。

影响视频节奏有3个因素：画面运动的规律、镜头的运动和组合、背景音乐和效果声加旁白。画面运动的规律、镜头的运动和组合是视频的灵魂所在。不同的镜头运动组接会产生不同的节奏。镜头长度不同，景别不同，自然会呈现不同的节奏感。

6.3　本章小结

本章从短视频的拍摄剪辑与短视频笔记的内容创作两个方面进行讲解，为大家讲解了小红书短视频笔记的拍摄与创作的核心内容，希望能够帮助大家轻松运营小红书的短视频笔记。本章小结如图6-98所示。

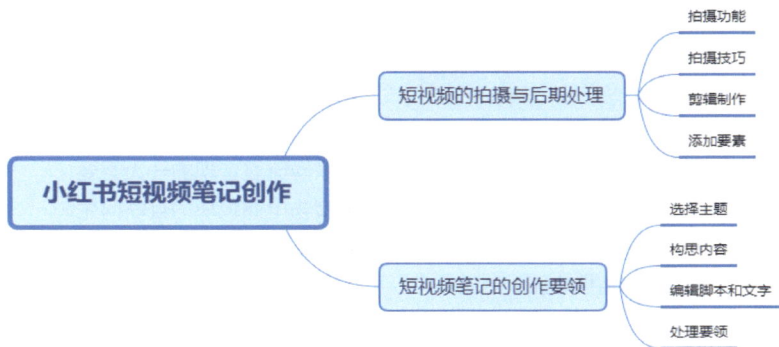

图 6-98　本章小结

第7章

紧跟潮流的小红书直播

近年来，直播已经成为互联网流量变现的一大重要途径。小红书作为拥有巨大流量与电商板块的互联网生活方式社区，紧跟互联网的发展潮流，在2020年也开通了直播功能。

本章以小红书直播为主题，梳理了小红书直播的特点、流程与内容，另外还介绍了小红书直播的播前准备内容和直播实用技巧。

7.1 与众不同的小红书直播

在数量繁多的互联网直播平台中，面对强势的直播领域先驱社群，小红书只有拥有独到之处才能够在千军万马之中脱颖而出。

本节将为大家介绍小红书直播的特点，讲解博主如何开启直播间、小红书的开播流程以及如何选择直播内容。

小红书直播的特点——实时互动，"种草安利"

小红书直播之所以能受到广大用户的青睐，实现平台流量的变现，主要是因为其具有以下两个突出的优势特征。

1. 实时互动

对于小红书用户而言，从直播中获取的信息，相较于传统的图文笔记与短视频笔记来说差别不大，但是直播这一形式能够帮助用户更加实时地接收信息，并且与主播进行有效的互动。

直播的实时互动优势体现在主播和直播间粉丝的双向互动之中。

一方面，主播可以通过在直播过程中收到的实时评论和付费虚拟礼物等机制了解正在观看直播的用户对于直播内容的接受程度，并且能够及时地了解到用户的需求，从而及时调整直播内容。

另一方面，主播在直播中能够随时与观众进行互动，如图7-1所示，通过这种实时的有效"交流"，观看直播的用户会自然地产生"参与感"，从而能够被调动起观看直播的积极性与热情，还能为主播与用户营造良好的沟通交流氛围。

2. "种草安利"

与能够进行后期编辑加工的图文笔记与短视频笔记不同，直播是实时进行并公开放送的。直播可以更大限度地保证产品性能的完整呈现，所以直播内容更具真实性，从而也更加可信。

观看直播的用户可以实时发送自己对于相关内容的疑惑，方便主播实时解答，使主播更好、更高效地向用户传输所需的产品信息，从而一步到位，进行"种草安利"。

例如，当主播在直播中展示服装的实际穿着效果或是穿搭效果时，用户可以连贯、完整地观看整个试穿过程，这一过程就无法通过后期的剪辑制作进行优化，但如果仅通过图片或者短视频来展现，由于无法看到真实的拍摄过程，用户就会对其呈现的效果是否真实产生怀疑。

图7-2所示为展示服装实际穿着效果的直播画面。主播穿着所介绍的服装，向观看直播的用户进行展示，用户在观看过程中也实时发送自己对于产品的见解和信息需求，更高效地完成"种草安利"的流程。

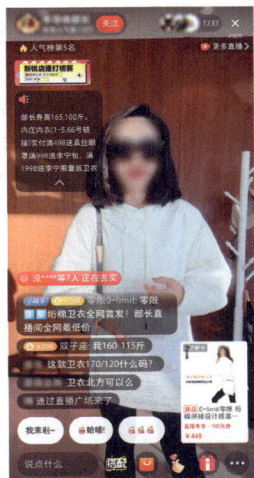

图7-1 用户发布弹幕与主播互动

图7-2 主播试穿服装

如何开启直播间——开启小红书直播的条件

小红书直播分为互动直播和带货直播，小红书目前绝大多数直播都是互动直播。之所以有这两种直播类型，是因为在小红书直播中，互动与带货是分开的。

主播想要与粉丝或用户进行互动，申请开通直播权限即可，但是如果主播想要在直播中"带货"，获取收益，就需要再另外开通商品合作权限。

1. 互动直播

博主只需完成账号实名认证，即可开通直播功能，与用户进行实时互动，具体开通步骤如下。

第一步：登录小红书，进入"我"界面，点击左上角的"≡"按钮，如图7-3所示；在出现的窗口导航栏中点击"创作中心"，如图7-4所示。

第二步：进入创作中心后，点击"创作服务"中的"更多服务"，如图7-5所示。

第三步：在更多服务栏中，点击"作者能力"一栏里的"开通直播"，如图7-6所示。

第四步：进入开通直播界面，点击"去认证"，开始实名认证，如图7-7所示。

图7-3 进入"我"界面　　图7-4 点击"创作中心"

图7-5 点击"更多服务"　　图7-6 点击"开通直播"　　图7-7 实名认证入口

图7-8 "个人实名认证"界面

图7-9 成功开通直播

第五步：进入图7-8所示的"个人实名认证"界面，用户只需填写真实姓名与身份证号，勾选同意相关协议，即可点击"提交"，完成实名认证。

完成实名认证后，在"更多服务"界面中，原本的"开通直播"变为"去直播"，即表示博主已成功开通直播权限，如图7-9所示。

2. "带货"直播

若博主开通直播权限之后，计划通过直播进行"带货"，以此实现一定的流量变现，还需额外开通"商品合作"权限，具体操作步骤如下。

第一步：进入"更多服务"界面，点击"内容变现"栏中的"商品合作"，如图7-10所示。

第二步：进入"开通商品合作"界面，如图7-11所示，若博主满足"完成实名认证"与"粉丝数≥1000"两个条件，并勾选同意相关服务协议，即可点击界面最下方的"申请开通"按钮，开通该权限。

图7-10 点击"商品合作"

图7-11 申请开通

提示

小红书直播对于主播的要求不高，但能否真正通过直播获取收益，获取收益的多少，则取决于主播自身的引流能力和"带货"能力。

小红书的开播流程——掌握直播的每个环节

小红书直播并不是只要开通直播功能就能随时随地开播，为了保证直播的顺利完成并且达到预期的直播效果，有一套开播流程与环节需要主播遵循。

直播的基本开播流程大致分为直播前的准备、直播中的讲解与直播后的分析这3步，下面将为大家一一介绍。

1. 直播前的准备

直播前的准备指主播与幕后工作人员在直播开始前应该完成一些准备工作，是直播从无到有进行孕育的阶段。它大致分为策划、宣传、设置3部分内容。

（1）直播前的策划

在一场直播的最初阶段，需要为直播做一个整体的策划，策划内容包括但不限于直播的主题、选品、内容、时间、流程以及目的等要素。确定好直播的各个要素后，就为直播的准备与进行奠定了基础，方便进行后续的直播流程与操作。

直播的主题是需要主播最先确定的策划内容。直播的主题决定了直播后续策划的内容与方向。

如果直播的主题为好物分享推荐，那么这场直播就属于生活娱乐领域的内容，整个过程就应该侧重于优质消费体验的分享，直播的目的以吸引直播观众、满足观众的观看需求为主，应该以观众的互动与反馈作为衡量直播质量的指标。

如果直播的主题是带货或推销产品，那么这场直播属于一种商业营销，直播的目的就是向直播间的观众推销产品，促进产品的销售，由此就能将衡量该场直播质量的指标定位为产品的销售量。

9.26购物节！
△ 2.8W

图7-12　带货直播示例1

今天好多好东西呀！
△ 1.8W

图7-13　带货直播示例2

> **提示**
>
> "带货"主题的直播开播时，可以将直播设置为"带货"直播，届时直播的封面中会显示"带货中"字样，方便小红书平台引流，如图7-12、图7-13所示。

（2）直播前的宣传

策划好直播的相关内容之后，下一步就是进行直播前的宣传，提前为直播预热，把小红书用户引流到直播间。

一般在计划的直播时间的前5天左右就可以开始为直播预热，预热开始过早用户容易遗忘，预热开始过晚容易因预热时间不够导致宣传不到位的问题。

博主一般可以在自己的小红书账号中发布图文笔记或短视频笔记进行直播内容的预告，如图7-14所示。

博主还可以在笔记中添加"预约"内容，用户成功预约直播后，直播即将开始前，系统就会自动弹出观看直播的提示窗口，帮助博主通知用户。笔记的预约显示如图7-15、图7-16所示。

若博主计划进行"带货"直播，还可以让"带货"合作的产品品牌方在小红书平台进行宣传预热，如图7-17所示。

直播预告！有个性的艺术品牌首播来了！…
♡ 118

图7-14　直播预告

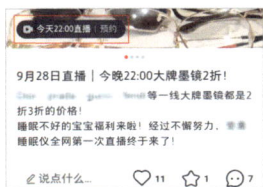

图7-15 图文笔记中的直播预约

图7-16 短视频笔记中的直播预约

在小红书平台之外的其他社交媒体或是网络平台上，有一定粉丝基础的博主还可以在其他平台进行直播预告，如图7-18、图7-19所示。

（3）直播前的设置

不管主播准备进行何种类型的直播，都应该在直播前确定好直播内容、直播顺序、直播设备和直播网络等事项。图7-20所示为小红书的手机开播界面，图7-21所示为小红书手机端上关于电脑开播的提示界面。

图7-17 品牌预告

图7-18 微博预告示例1

图7-19 微博预告示例2

另外，博主在直播前还可以详细设置直播间在直播时的相关内容，比如直播时的直播公告与屏蔽词设置（如图7-22所示）、直播间的心愿礼物（如图7-23所示）等。

若是要进行"带货"直播，还应在直播前选好直播产品，提前联系商家进行有关优惠券、粉丝福利等事项的沟通，并在开播前在直播预备页中添加好相应产品。

图7-20 手机开播

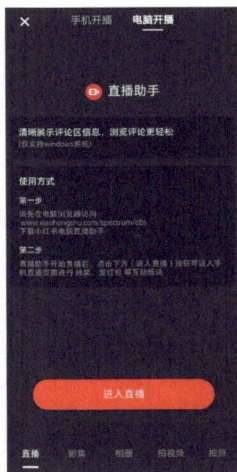

图7-21 电脑开播

图7-22 设置公告与屏蔽词

图7-23 设置心愿礼物

2. 直播中的讲解

直播中的讲解应该围绕着拉近与观众之间的距离、塑造产品的价值、营造紧张感这3个核心原则展开。

（1）拉近与观众之间的距离

主播在直播过程中，要围绕直播的主题和观众们进行有效互动，应该时刻注意实时弹幕中观众给予的信息反馈，适当回应观众，及时解答观众的疑惑，并在沟通中巧妙地强调直播重点。

如果是较为大型的直播活动，或是直播间的观众人数众多，主播可以任用工作人员作为直播间的专职小助手，负责查看实时弹幕，筛选需要反馈的信息，并进行答疑，如图7-24所示。大型直播间可以任用多名小助手分工合作，帮助直播顺利进行。

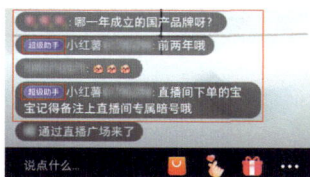

图7-24　小助手辅助直播

（2）塑造产品的价值

塑造产品的价值，简单来说就是制造产品卖点。这一原则主要针对"带货"直播而言，主要体现为主播在直播中为观众提供详细的产品信息，并为观众强调产品的优势、独特之处以及在直播间购买的利好之处。

在"带货"直播中，主播一定要站在消费者的角度，向直播间的观众进行产品讲解，并根据观众的实时弹幕进行及时的产品额外信息的补充说明。尤其在讲解产品信息时，要将产品的优势讲解到位，如有需要，还可以适当利用对比方式，将产品和同类型其他产品进行对比讲解。

比如，进行服装产品的"带货"直播时，主播在直播中展示每一件服装的穿搭及真人模特的上身效果，更能吸引观众的注意，从而帮助主播获得观众的信赖，提高直播间的热度与销量。图7-25所示是主播为观众展示服装的上身效果的直播画面。

> **提示**
>
> 对比的产品以较为受欢迎的同类产品为宜。但在直播过程中，要注意措辞，不能在介绍产品时有意无意地贬低其他竞品，否则这种对比方式很容易影响观众对主播及产品的观感。

除了纯粹介绍产品内容及信息外，主播还可以利用场景化营销促使观众在直播间消费。

场景化营销是一种在直播中很实用的讲解手段，是指设计一个与观众的日常生活相关联的产品使用场景，在场景中结合产品特性进行产品营销，以帮助消费者更直观地了解产品，并且引起观众的购买欲望。

另外，主播应该向观众说明在直播间购买相关产品的利好之处，即展示直播间的购买福利，从而抓住观众偏爱优惠的心理。主播通过说明在直播间购物的高性价比，促使观众在面对心仪产品时，在直播间快速下单，完成消费。主播可以说明观众在直播间购买产品能够获得哪些赠品、价格上有多少优惠等，还可以将相关内容放置在直播间中进行显示，方便新进入直播间的观众及时了解直播间的专享福利，如图7-26所示。

图7-25　主播展示服
装上身效果

图7-26　主播说明直播间福利

图 7-27　秒杀

图 7-28　限时领券

（3）营造紧张感

主播可以在直播的讲解过程中营造紧张感，主要从下单时间、产品库存数量等方面着手，为直播间的产品销售营造出一种紧张气氛，从而促使观众有抢购感，进而下单消费，如图7-27和图7-28所示。

在产品库存数量方面，主播主要通过限量抢购营造直播间的紧张感。主播可以针对高人气产品实行价格比较实惠的限量抢购或是孤品秒杀，或是进行断码款产品的清仓销售，还可以对直播间的产品分批进行限量上架，从而制造产品的紧缺感，促使观众在直播间下单。

3. 直播后的分析

正确有效的工作总结能够帮助我们了解工作中取得的成绩，找出还需改善的问题，用科学的经验指导下一次或是下一阶段的工作内容。

不管主播进行的是"带货"直播还是互动直播，每一次直播结束之后，主播都应该与幕后工作人员一同对直播的过程、结果及最后的目标达成度等相关内容进行分析总结，对比每一次直播中的内容，扬长避短，针对短板进行后续的优化，确保直播能够越来越好，或始终保持直播的高质量。

选择直播内容——充分了解观众的需求

目前小红书内的内容已覆盖美妆个护、家电数码、家居家清、包袋配饰、服鞋运动、母婴保健、食品等日常生活中的主要产品品类和领域，所以可供博主们选择的直播领域及内容是非常多样的。

因为小红书中的内容倾向于内容分享和"种草安利"，所以小红书直播相对而言是一个私域内容，关于直播内容的选择应该建立在博主充分了解直播观众的需求的基础之上。

小红书互动直播的内容应该根据博主平时通过图文笔记与短视频笔记和粉丝、用户互动之后所发现

图 7-29　学习博主直播

的用户需求而定。而"直播带货"的产品，应该是在"种草安利"的基础上能进行进一步的购买转化的产品。

例如某学习博主的账号运营内容以学习记录主题的短视频笔记为主，偶尔也会根据粉丝的观看需要进行学习过程直播，如图7-29所示。

7.2 做好充足的播前准备

前文已提到，小红书完整的开播流程不仅仅是直播中的讲解，还需要直播前的准备和直播后的分析。本节将围绕播前预告、直播设备和制订直播计划这3项内容，为大家讲解如何做好充足的播前准备。

直播预告——为直播提前造势

要想尽可能增加直播的热度，主播就需要通过播前预告来为直播造势。

直播预告以告知用户关于直播的基本情况，吸引用户前来观看直播为根本目的。由此，编辑直播预告的关键就是编辑出有关直播内容的、具有吸引力的完整信息。

一篇完整的直播预告必须包括直播时间和直播内容，以便目标用户准时进入直播间，另外还需要包括产品及福利来吸引用户观看。

1. 预告时间

预告时间应该说明直播将会在几月几日的哪个时间段进行，开始时间具体为几点。如果是一段时间的直播规划与预告，博主还可以做一个直播时间汇总专题，如图7-30所示。

图7-30 直播时间预告

2. 预告福利

直播设置福利的目的是吸引用户进入直播间观看，并且使用户持续关注直播间，所以这项内容的前期宣传一定要到位。

直播间福利的预告既可以从产品的优惠价格入手，也可以从产品的赠品内容入手，还可以从与其他直播间相关联内容的优惠与福利入手。

图7-31所示为从产品的优惠价格入手的福利预告。

图7-31 直播福利预告

图 7-32 直播品类预告

3. 预告产品

如果计划进行一场"带货"直播，那么博主在前期一定要将直播间的产品品类进行全面的预告，从而吸引有相应消费需求的小红书用户进入直播间观看直播，并进一步从直播间引流，实现流量变现。

图 7-32 所示为某博主的直播预告短视频笔记，其中就列举了直播将要进行宣传的相应产品，并且根据产品的品类进行了大致的介绍。

4. 预告直播内容

预告直播内容的目的就是吸引更多感兴趣的用户届时能够准时观看直播，所以一定要将直播内容进行准确的概括，并进行相应的事先宣传。

尤其是当博主不是进行"带货"直播，而是根据粉丝的反馈及账号运营的需要而进行互动直播时，则更加需要对直播的内容进行预告，让对直播内容有明确需求的用户能够及时观看直播，并且在直播间与主播进行有效互动。

图 7-33 所示为某博主为一场互动直播进行的直播预告，其中就将直播将要涉及的内容进行了全面而精准的概括。

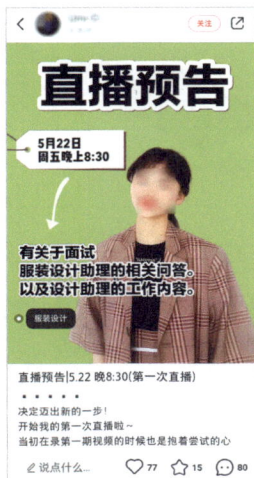

图 7-33 直播内容预告

直播设备——工欲善其事，必先利其器

直播是一场实时的内容传播，所以在直播前一定要完善相应的直播设备，尽可能地考虑到直播时可能出现的各方面的需求及突发情况，并且在正式开始直播前，务必要调试检查好相应的设备，确保直播的顺利进行。

图 7-34 所示为某主播进行直播时的直播间实际场景，我们可以从中发现众多的直播设备。通常，一套专业的直播设备主要包括手机、声卡、麦克风、监听耳机、手机支架和补光灯等。

图 7-34 直播间实际场景

1. 手机

手机是众多主播进行网络直播最主要的工具，也是主播及其他工作人员观看直播间观众的反馈信息的主要工具。进行一场直播通常要准备至少两部手机，一部手机作为拍摄直播画面的设备，一部手机通过连接声卡播放直播间的伴奏或是其他声音内容。

用于直播的手机一定要满足分辨率高、运行速度快这两个基本要求，在此基础上主播可以根据实际情况选择性能最优的手机。

> **提示**
>
> 若是娱乐类主播进行小红书直播，建议主播选用带有一定美颜效果的手机，若是进行"带货"直播，则建议主播选用色彩还原度较高的手机。

2. 声卡

主播在进行直播时，要保证直播音效悦耳，能够吸引观众持续看直播，所以在直播前，主播应该为自己选择一个合适的声卡。

直播用的声卡应该在实现过滤杂音、录制出清晰的声音的同时，能够有优质的声音播出效果，使直播间输出的声音能够更加悦耳。

如果主播会使用手机直播和电脑直播两种直播服务端，建议主播选用电脑、手机两用功能的声卡，如图7-35所示。

图7-35　声卡

3. 麦克风

直播时一般选用电容麦克风，其音质清晰、灵敏度高，非常适合室内直播或录音使用，如图7-36所示。

图7-36　麦克风

4. 监听耳机

监听耳机能够帮助主播在直播中实时监听自己直播时的声音，以便及时对语音语调等做出调整。日常直播中如果没有专业的监听耳机，也可以用生活中惯用的有线耳机或无线耳机代替，如图7-37所示。

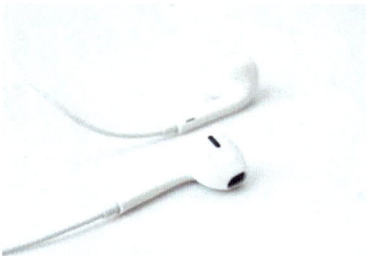

图7-37　耳机

5. 手机支架

手机支架能够帮助主播在合适的角度下进行直播，并且能够保持画面的稳定，提升直播的质量。

手机支架有桌面款和落地款两种，如图7-38和图7-39所示，主播应该根据实际的直播需要选择合适的手机支架。

图7-38　桌面款手机支架

图7-39　落地款手机支架

图7-40　补光灯

6. 补光灯

直播间的光线是非常重要的，所以主播一定要选择一款甚至多款补光灯，保证直播间拥有优质的光线。图7-40所示为直播间常见的补光灯。

补光灯的尺寸主要依据直播环境的光线条件及直播设备与主播的距离来定。如果直播间的光线比较弱，或是需要进行远距离的直播，建议主播选用大尺寸的补光灯。如果在直播时只是拍主播的上半身或近距离的拍摄，建议主播选用性价比较高的小尺寸补光灯。

制订直播计划——有条不紊地推进直播进程

主播在直播前应该制订详细的直播计划，帮助自己在正式直播时能够有条不紊地推进直播进程，确保直播能够在规定时间内高质量地完成。

直播计划的内容主要包括直播的时间段、时长与内容。

1. 直播时间段

直播时间段的选择能够影响直播间的观看人数。比如在工作日的直播，上午的观看人数通常没有晚间的观看人数多。

（1）选择合适的时间段

主播首先应该结合直播的内容与直播的目标用户的空闲时间，选定一个适合进行直播的时间段。

早晨时段，小红书中开播的主播人数较少，竞争少，新人主播适合在该时段积累直播经验，积累"路人缘"，如图7-41所示。

图7-41　早晨直播

中午及下午时段，观看直播的用户多为趁午休放松的上班族，并且此时平台上开播的主播的人数逐渐增加，竞争逐渐加大，因此，这个时段的直播适合与粉丝互动，进行休闲交流，展示主播个人风采。在该时段开播的主播已经积累了一定的粉丝和观众，主要为还在上升期的"腰部达人"，如图7-42和图7-43所示。

图7-42　下午14：C0左右直播

晚间时段，小红书迎来流量高峰，大量的主播开始直播，大量的用户进入小红书观看感兴趣的直播。该时段适合主播"带货"，刺激用户消费，促进流量变现。尤其是在周末的晚上，小红书上的很多头部"带货"达人都会固定开播，如图7-44和图7-45所示。

图7-43　下午16：00左右直播

凌晨时段，直播间的观众会更愿意和主播交流互动，同样是一个新人主播积累经验和粉丝的时间段，并且此时段开播的主播人数很少，竞争小，说不定能够获得意外的流量。

（2）固定的时间段

主播选择好适合的直播时间段后，应该固定直播的时间段。

图7-44　周末固定时段直播

图7-45　周六固定时段直播

尤其是新人主播刚刚开始进行小红书直播时，一定要持续地在固定时间段进行优质的直播，不能迟到，也不能停播。

持续地在固定的时间段直播，能够让用户记住开播时间，并培养用户在固定时间段观看直播的习惯，降低直播间用户流失的可能性。

一旦主播在固定时间段迟到，尤其是在预告好直播时间后迟到，会使等待开播的粉丝产生不良的情绪，极易造成直播间观众的流失。

随意地停播或长时间地停播必然会流失粉丝。主播停播一段时间，之后可能需要更多的时间来重新跟用户建立信任。

2. 直播时长

直播时长直接关系着直播的收益与粉丝的积累速度，所以直播时间不能太短，否则进入直播间的用户人数太少，内容有限也会影响直播质量。

直播的时间也不宜过长，直播时间过长，主播很难保持饱满的直播情绪，也很难将直播的内容安排到位。

通常建议"带货"直播的时长为3～4小时。若是博主与粉丝之间的互动直播，则可以根据直播主题适当缩短直播时长。

3. 直播内容

确定好直播的时段和时长后，就要根据直播目的规划直播内容。

（1）内容进度

确定直播时长后，主播需要把预计直播时长的每一个时段分成不同的模块，比如打招呼时段、介绍产品时段、产品测评时段、观众互动时段、福利放送时段等。

确定好直播的各个时段后，需要补充各个时段的内容，并在正式直播时，灵活参考实现策划内容，推进直播进程。例如，主播应该考虑开播前5～10分钟主要用来打招呼和互动，还是直接开始介绍店铺或是进入直播正题。

每一个直播内容占用多长时间都要做好规划，以免在直播过程中出现产品解说和产品上架时间错乱，直播进度过慢等情况。

（2）互动方式

直播时，主播除了一直输出内容之外，还需要与观众互动，调节直播间的氛围。为了确保直播任务顺利完成，并且高效、高质量地完成互动，主播需要事先计划好在直播时要采用怎样的方式与观众进行互动，并且还需准备多种不同的互动方式以备不时之需。

7.3 小红书直播实用小技巧

开展一场成功的小红书直播，要在直播流程、内容等方面着力之余，主播自身还需要掌握一些实用小技巧。

个人形象——提升主播个人魅力

小红书直播通常都是露脸直播，因此主播的个人形象非常重要。一个优秀、完美的个人形象能够很自然地提升主播的个人魅力。

作为在小红书直播的主播，最基本的是要做到服装得体，整体形象干净整洁。除了相应产品的试穿展示外，建议睡衣、浴袍等服装不要出现在直播中。主播可以适当化妆，修饰个人外貌，但是也不宜妆容太浓，如图7-46和图7-47所示。

拓展延伸

图7-48所示为小红书官方提供的直播主播的着装规范，供大家参考。

图7-46 主播形象示例1　　　图7-47 主播形象示例2　　　图7-48 着装规范

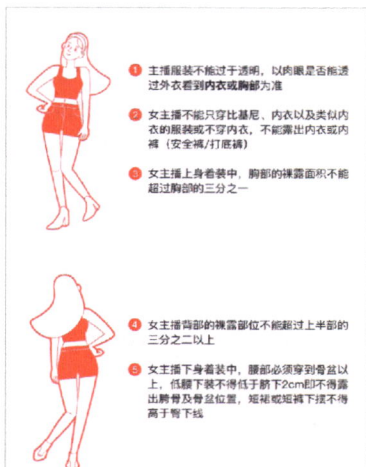

直播用语——语言传递真情实感

主播最好能够掌握一些直播常用的衔接语和套话，以便能对各种直播情景及时做出反应，这样在突显主播的专业度的同时，还能使直播流畅进行。直播用语包括直播间有新用户进入时应当如何欢迎并引导用户关注直播间、收到直播间粉丝送出的礼物应当如何回应等方面的用语。

下面给大家介绍4种常见的直播用语，以帮助新人主播更好地提升直播间的互动质量，顺利开展每次的直播。

1. 欢迎用语

当有观众进入直播间时，直播间的评论区域会显示新进观众的昵称，主播在留意到观众动态后，应该对观众表示热烈欢迎，从而赢得观众好感，营造直播间的友好氛围。一般来说，主播可以根据新进观众在直播间出现的频率将观众分为普通观众和忠实观众，从而使用不同的欢迎用语。

若是陌生昵称的观众进入直播间，说明该观众是在直播间并不活跃的普通观众，主播可以礼貌直白地对观众表示欢迎。若是进入直播间的观众显示的是主播熟悉的昵称，说明该观众是在直播间比较活跃、经常支持主播的直播活动的观众，则可以稍微强调一下该观众的昵称，以表示自己的关注与感谢。针对不同类型的观众，具体可供参考的欢迎用语如图7-49所示。

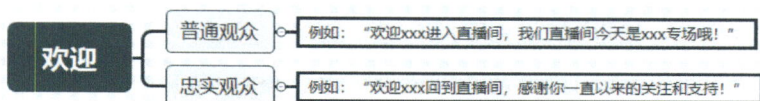

图7-49 欢迎话术

2. 感谢用语

当观众在直播间购买产品或是赠送礼物的时候，主播需要及时对观众的肯定和支持表示感谢，具体的感谢用语如图7-50所示。

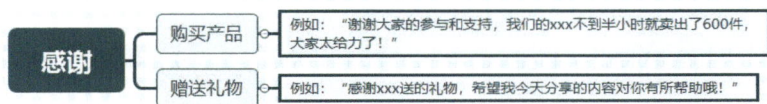

图 7-50　感谢话术

3. 提问引导用语

提问引导是指主播在直播过程中，对观众进行提问及引导。提问主要是为了调动粉丝积极性，使其参与到直播中。该类话术主要为能够提高观众回复率的语言。提问时，主播应该给出观众既定选项，提高观众的参与效率。引导用语主要用在"带货"直播中，其目的是吸引观众的注意力，引导用户在直播间下单购买相应产品。

根据不同目的，主播所使用的提问引导用语有所差异，具体如图 7-51 所示。

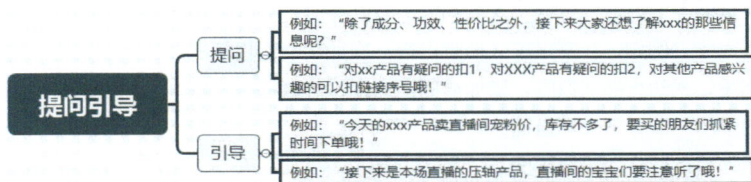

图 7-51　提问引导话术

4. 下播用语

下播用语是主播在直播即将结束时使用的话术，该类话术要能够帮助主播向观众表明直播结束的信息，其大致可以分为以下 3 种内容，具体如图 7-52 所示。

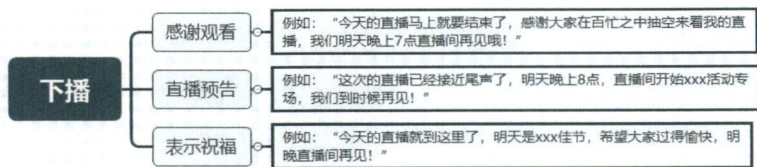

图 7-52　下播用语

（1）感谢观看

最常用也最简单的一种下播用语就是直接向直播间的观众表示感谢。

（2）直播预告

主播在下播时，可以向观众进行下一场直播的预告，话题包括但不限于下次直播的时间、主题及产品等相关内容。

（3）表示祝福

表示祝福的下播用语主要用在节假日前夕或者当天，例如若是在跨年夜直播，主播在下播时就可以根据时段，预祝或是直接祝福观众新年快乐。

直播互动——拉近与观众的距离

直播时的互动主要是对新进入直播间的用户进行欢迎、及时反馈观众在弹幕中关注的信息，设置直播福利等。

1. 欢迎新用户

在直播刚开始的一段时间，主播可以先用一个时段和进入直播间的用户进行简单的交流，引导粉丝点赞和关注直播间，等待更多的用户进入直播间。在正式开始直播后，主播可在直播间隙欢迎新进入直播间的用户。

2. 反馈弹幕内容

在直播时，对于直播内容有疑问或是想要表达观点的观众，都可以发送实时弹幕。主播在直播时，应该多多关注观众的弹幕，及时解答观众的提问，补充观众感兴趣的内容。只有及时反馈观众需要的信息，提升粉丝直播观看体验，才能保证用户留存在直播间中，从而促进流量变现。

3. 设置直播福利

主播可以在直播中多设置几轮抽奖送福利的环节，并将其分散在直播的不同时段，吸引用户进入直播间并持续观看直播。例如，在开播不久后就进行一次抽奖，留住第一波进入直播间的观众，利用公布抽奖结果的时间段，调动直播间氛围，增加直播间热度；等直播进入尾声，再发送一次抽奖福利，预告下次直播，有利于用户观看下一场直播。

图7-53所示为等待抽奖的直播界面。

另外，主播还可以在直播中发红包来吸引粉丝参与互动，例如，进行"带货"直播时，主播在介绍主推产品时发红包，能够增加主推产品的人气，促进产品的销售。

图7-54所示为直播间发红包，观众打开红包后的界面。

图7-53　等待抽奖的直播界面　　图7-54　直播间发红包

直播复盘——收集数据，总结经验

每次直播结束后，主播都可以通过小红书平台或第三方数据平台查看相关的直播数据，及时对直播过程及内容进行复盘，及时发现问题、调整策划、优化不足等。坚持直播一段时间后，主播也能够通过后台数据分析研究自己一段时间内直播的优缺点，以帮助自己更快、更好地进步。

1. 小红书后台数据

主播可以从小红书的官网进入"创作者服务"的"直播管理"中查看直播的相关数据，如图7-55

所示。

在"直播管理"中，主播可以查看往期的直播内容并管理相关数据，还可以在直播中查看实时的后台数据，如图7-56所示。

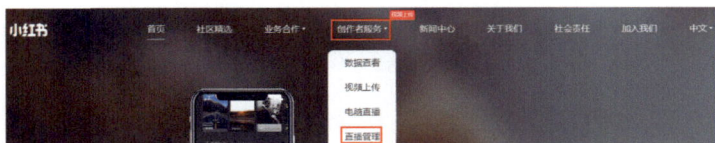

图7-55　点击"直播管理"

图7-56　查看实时数据

2. 第三方数据平台

除查看小红书提供给主播团队的相关数据外，主播还可以选择与负责直播数据收集与分工的第三方网络平台进行数据分析的合作，比如搜秀数据、千瓜数据等平台。

> **提示**
>
> 目前第三方数据平台大多需要付费，但每个平台都有部分供普通用户免费使用的数据分析功能，大家可以结合个人需求和各平台提供数据的实际价值，选用合适的平台进行直播复盘。

以千瓜数据为例，其后台有关于小红书直播的专项内容，下面为大家简单介绍千瓜数据后台中关于直播复盘的两个功能——直播监控和直播排行榜。

（1）直播监控

直播监控这个功能能够帮助主播对直播进行实时监控并提供分钟级的直播数据，方便主播掌握与直播相关的热度数据，帮助主播在直播之后及时复盘，总结直播经验，如图7-57所示。

图7-57　直播监控

通过千瓜数据的直播监控功能，主播及其相关工作人员可以根据需要查看指定直播场次的核心数据报告、礼物分析报告、互动分析报告以及粉丝画像报告。图7-58所示为某小红书主播的直播监控数据画面。

图7-58　数据分析

（2）直播排行榜

主播可以在千瓜数据的直播排行榜中选定相应日期，输入自己或其他主播的名称，搜索相关的直播数据，如图7-59所示。

图7-59　直播排行榜

搜索到想要查看主播的直播场次后，点击该直播条目，即可查看该场直播的相关数据，主要包含直播时长、起止时间、达人的直播信息、该场次直播的直播详情、观众画像、粉丝互动、直播商品等信息，如图7-60所示。

直播详情中包含数据概览、本场综合评分以及直播

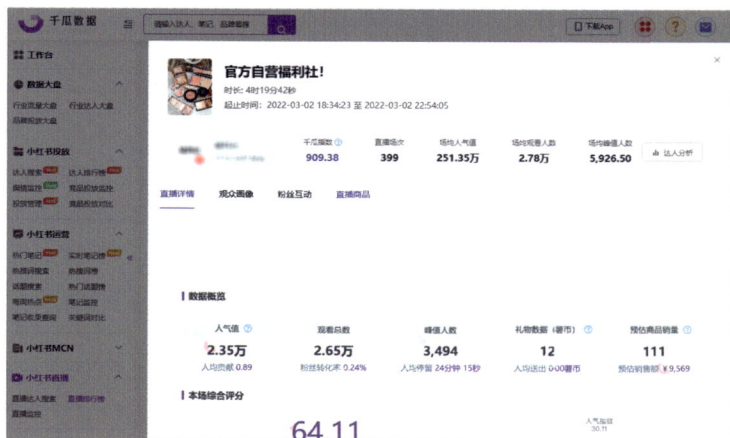

图7-60　直播信息与数据

间的人气值变化趋势、峰值人数变化趋势、预估购买意向人数、本场薯币等的统计图，如图7-61和图7-62所示。通过这些统计图，主播可以清晰地了解到直播间的开播情况及自身的"带货"能力，从而更好地优化直播内容。

通过直播数据中的观众画像，主播可以了解到直播间观众的主要地域分布及该群体的标签与关注焦点，如图7-63所示；通过粉丝互动栏的数据，主播可以了解对应直播场次的活跃观众人数以及弹幕互动数量与弹幕热词，如图7-64所示。

观众画像与粉丝互动的相关属性能够帮助主播分析其直播受众的观看需求、兴趣点以及痛点，从而帮助主播更有针对性地选定直播内容，提高直播间的直播热度和互动质量。

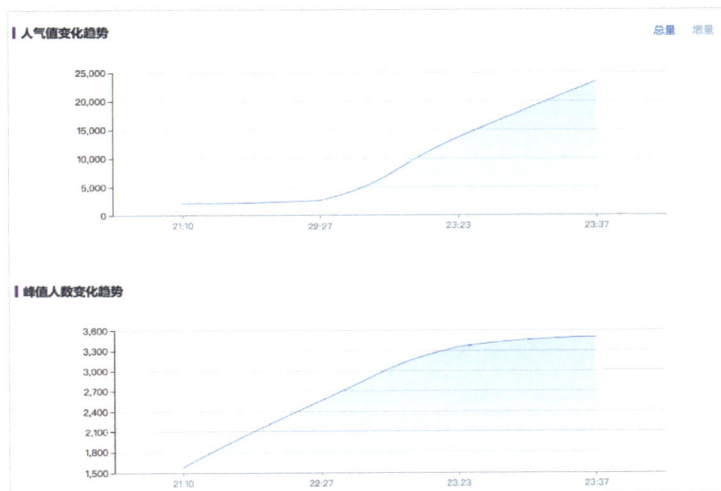

图7-61　直播详情页1

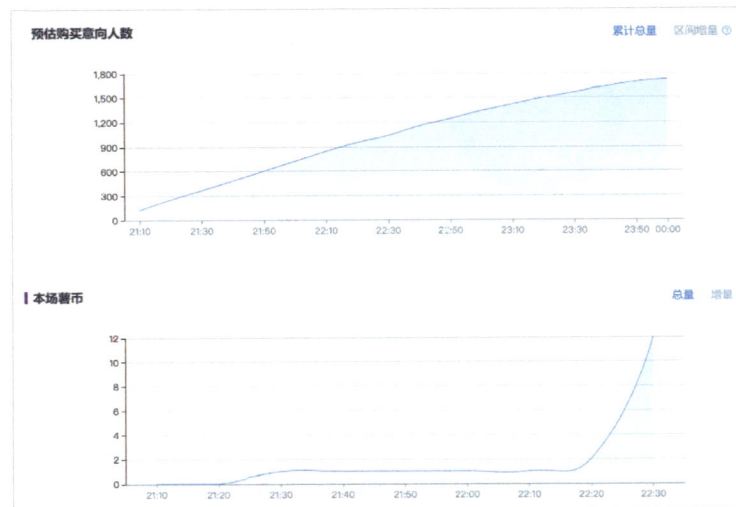

图7-62　直播详情页2

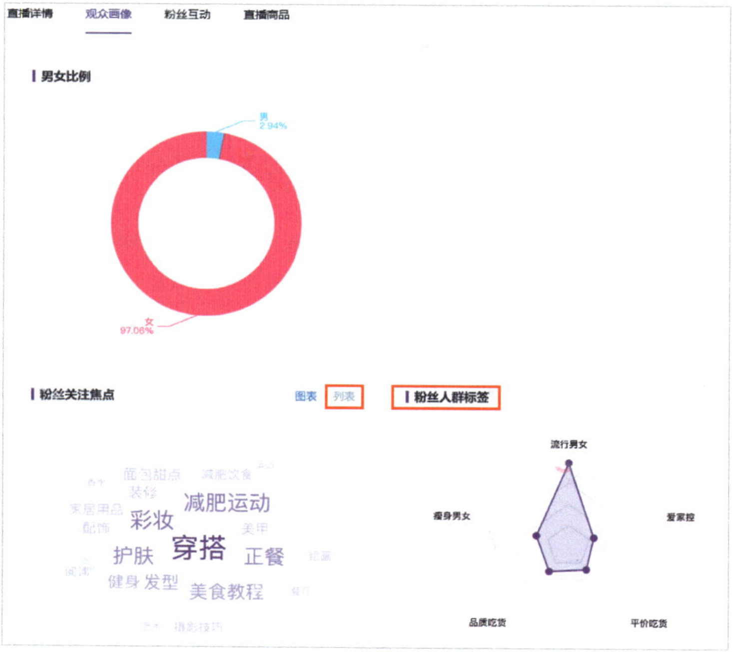

图7-63　观众画像数据

图7-64　粉丝互动数据

若开展的是"带货"直播，主播在复盘时，还应重点关注直播商品的相关数据，如图7-65所示，可以从不同品牌、不同品类产品的销售额，以及直播间用户反馈的信息中总结"带货"直播的成败之处，进而为之后的"带货"直播选品提供经验。

图 7-65　直播商品

7.4　本章小结

本章以小红书直播为内容核心，全面介绍了小红书直播的特点、开通步骤、开播流程与直播内容，并为大家详细讲解了有关小红书直播的播前准备内容和主播的直播实用小技巧，希望有助于大家进行小红书直播的相关操作，本章小结如图 7-66 所示。

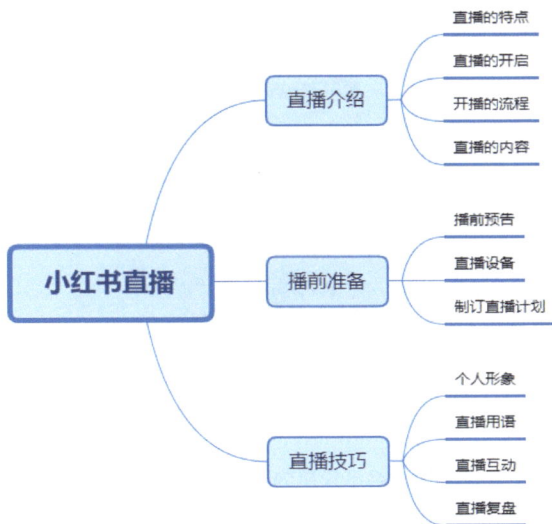

图 7-66　本章小结

第8章

小红书"涨粉"三部曲

　　小红书运营绝不只是内容的创作，还包括很多方面，主要可以概括为内容产出、账号曝光与账号推广三大方面。要想成功运营一个小红书账号，除了内容的支撑，博主还必须具有宏观的视角，分析平台的算法机制理清运营重点，逐渐形成系统的运营思维与理论。

8.1 "涨粉"第一步：稳定内容产出

实现小红书高质量"涨粉"的第一步就是要有稳定的内容产出。

内容质量——打造精品内容

任何一个成功的优质小红书账号，都有自己原创的精品内容。这个内容可以是图文笔记，可以是短视频笔记，也可以是直播。

精品内容通常具有以下四大特点。

1. 有价值

有价值是指账号内容对浏览到该内容的用户能够产生一定的吸引力与价值，能够促使用户对该笔记进行后续的反馈或分享。

2. 可归纳

可归纳是指账号内容能够被系统收录到某个内容领域，从而被平台推送，被用户检索，能够更高效地让内容的目标用户发现。

3. 可参与

可参与是指账号内容在小红书上获得了一定的阅读量，所运营的账号有了一定的粉丝量之后，账号内容需要有可以让粉丝、其他用户能够参与互动、评论的部分。这种参与性可以从评论笔记内容中来，可以从模仿笔记的操作中来，总之需要加强用户与内容的互动。

4. 可整理

优质的账号内容往往可以使笔记被用户收录到自己的收藏夹中，或是纳入自己的内容体系。另外，小红书的官方账号也会经常将优质内容收录到相关内容的话题之下，如图8-1所示。

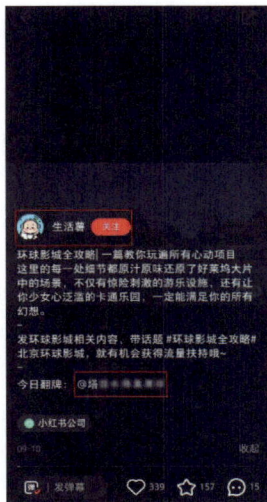

图8-1　收录优质笔记

更新频率——保持内容活跃度

在运营小红书账号时，尤其是账号运营初期，发文频率要稳定，保持一个较高的内容活跃度，这样才能在浏览过账号笔记的用户的首页经常性地被系统推送，并且满足账号粉丝对账号内容的期待与浏览需求。

账号笔记的具体更新频率取决于博主自身创作优质笔记内容的周期。

如果博主创作笔记的时间较短，能够在保证质量的前提下3天左右就完成一篇高质量的小红书笔记，就可以将更新频率确定为3天发布一篇笔记或是一周发布2篇笔记。如果博主创作笔记的周期较长，一周双更或是周更比较吃力的话，可以按照自己能够接受的创作强度进行更新频率的调节。但是建议计划认真运营小红书账号的博主，至少要10～15天更新一篇笔记，尽量做到周更或是一周双更。

博主能够保持稳定的更新频率，保持内容活跃度，有利于小红书系统根据更新规律进行持续的账号内容推送。

> **提示**
> 所有的运营技巧都需要建立在精品内容的基础之上，博主在保持稳定的更新频率时务必要保证笔记的高质量。

笔记权重——有流量才有粉丝

博主在账号成长期只有输出有价值的内容、发布优质的笔记，才能在没有足够的粉丝基础的情况下得到平台的推荐，并在此过程中吸引到更多的粉丝。而博主所发布的内容能否得到平台的推荐与曝光，能否被平台以多种形式推送给广大用户，都是与该笔记在平台中的权重直接相关的。

博主提升笔记权重时需要注意以下5点。

1. 关联话题

为笔记带上与内容具有强关联的话题，能够细化笔记内容，方便系统判断笔记内容的分类，以更好地向其他用户推荐，提升笔记权重，从而提高笔记的排名，增加笔记的阅读量。图8-2所示为小红书上某笔记所带的话题。

图8-2　关联话题

笔记所带的话题并不局限于一个，只要是和笔记内容相对应、相关联的领域，都可以按照实际需求选择话题。比如美妆类的笔记可以带上“美妆”“彩妆”“口红”等多个话题；街拍类的笔记可以带上“街拍”“某地街拍”“穿搭”“潮流”等多个话题。

另外，笔记所带的话题越热门，笔记就越容易被用户搜索浏览到。很多用户都喜欢看热门话题里面的内容，而且经常刷新。通过热门话题所产生的热度，又可以促进热门话题热度的保持，形成一个话题内流量的正向循环。

如果笔记没有带话题，就会丢失笔记对应话题所带来的天然流量，笔记就会缺少曝光，以至难以提升笔记权重。

2. 避免违禁内容

笔记中如果包含违禁词，会被平台自动识别，从而被限流。因此发布笔记前，博主最好仔细检查笔记内容，确认没有违禁词汇或是不妥的倾向，以免降低笔记权重，甚至影响账号的后续运营。

3. 不含广告或引流内容

小红书笔记中不能含有与交易、销售以及营销相关的内容，也不能直接发布邮箱、水印、微信号、手机号、二维码和网址链接等具有引流倾向的内容。图8-3所示的内容都是不允许出现在笔记中的，否则会被平台限流甚至封禁账号。

三、交易及导流行为

小红书禁止售卖高风险类内容，且不鼓励发布营销或导流的信息，包括但不限于以下内容：

(一) 交易行为

- 发布售卖高风险类的相关内容，如医美整形、医疗器械等
- 发布其他具有营销倾向的内容，如代购、转卖、拼单等

(二) 导流行为

- 发布导流到个人的联系方式，如手机号、微信号、邮箱、地址等
- 发布导流到其他平台的联系方式，如网址链接、二维码、水印等

图8-3　平台禁止内容

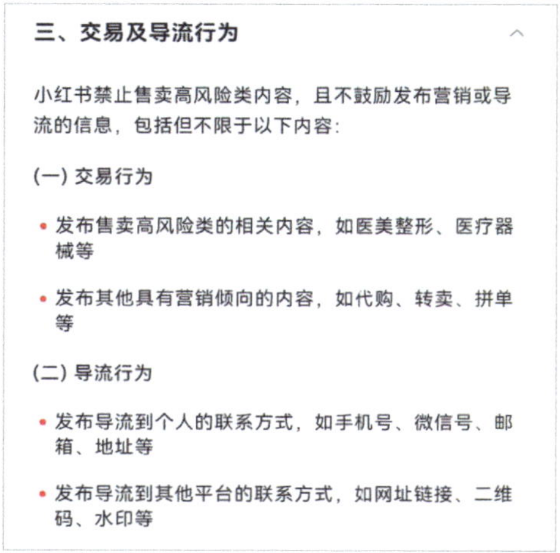

4. 发布后检查

为了确保笔记被收录，发布笔记并估计系统已经审核完毕后，博主可以尝试搜索笔记中的关键词、标

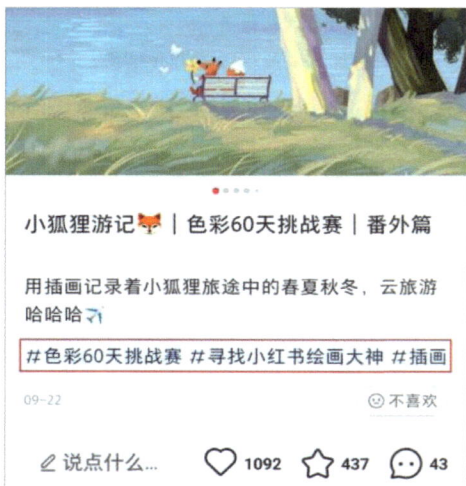

题、正文内容等信息，查看笔记是否能够被检索出来，从而检验笔记是否被限流。

笔记若是因为内容问题被限流，博主可以适当修改笔记内容重新发布，若是依旧难以检索，博主则需要后续在提高笔记与账号权重方面多费心思。

> **提示**
>
> 确定某篇笔记已经被小红书平台限流后，博主不要重复发布该笔记，否则会被系统判定为非原创内容，导致账号权重下降。

5. 不轻易修改笔记内容

一旦笔记成功发布并且拥有了可观的热度之后，博主就不要在短时间内数次修改或是大篇幅地修改笔记内容。频繁修改笔记内容会降低账号权重，并且修改后重新发布的笔记需要平台重新审核，审核产生的时间差会使笔记在保有热度的时间段内无法让用户检索到。

8.2 "涨粉"第二步：提高账号曝光率

有了优质内容的稳定输出之后，就要开始进一步运营推广了——提高账号曝光率。

地域优势——小红书的附近推荐机制

打开小红书首页，会看到一个"附近"标签（开启定位后"附近"会自动切换为所在城市），如图8-4所示，该标签里的内容是根据用户的位置信息，给用户推荐距离其20km内的其他用户发布的笔记内容。

小红书作为一个分享生活方式、"种草"的平台，"附近"这样一个功能为博主们提供了提高账号曝光率的便利。博主可以通过地域优势，发布带有位置信息的笔记，吸引附近的其他用户浏览。如果内容足够吸引人，自然会有感兴趣的用户进行互动和关注。

图8-4 "附近"界面

笔记排名——提高排名，增加阅读量

笔记排名指当用户在搜索栏中检索对应的关键词时，在搜索结果界面中显示的笔记的排序。例如，当小红书用户在搜索框中输入关键词"诗歌"，会自动关联出相关的笔记词条，如图8-5所示，点击搜索后，搜索结果页会为用户呈现经过系统自动筛选和排序后的含有该关键词的笔记，如图8-6所示。

笔记的关键词排名越靠前，越能被更多的用户检索到，被用户点击浏览的可能性就越大，从而提升笔记的阅读量、点赞数、收藏数和评论数等数据。笔记热度上升，又会反过来推动笔记排名上升，形成一个稳定的良性循环，促进小红书账号曝光率的提升。

因此，如何提高笔记的排名便成了众多小红书博主需要解决的问题。下面从4个维度给大家分享提高小红书笔记排名的有效方式。

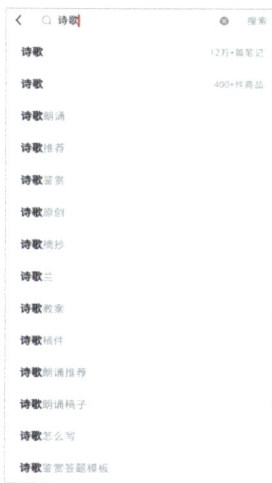

图8-5 "诗歌"关联词条

图8-6 "诗歌"搜索结果

1. 笔记质量

流量至上，内容为本。优质内容才是新媒体时代各位博主应该拥有的核心竞争力。要想提高笔记的排名，增加阅读量，仅靠短时间内的资本引流并不能持久有效地产生作用。能够长久有效地增加阅读量的方式就是提升笔记质量、打造精品内容。

在小红书中，拥有爆款笔记而账号内其他笔记热度不高的博主并不少见，如图8-7所示。只有持续产出真正被小红书用户需要的优质笔记，才能使自身账号拥有长久竞争力，才能使笔记在发布之后长久地收到点赞、收藏或评论。只有发布高质量的笔记能够持续地积累热度，从而不断提升笔记排名。

图8-7 笔记示例

2. 关键词密度

正如前文所言，博主在编辑笔记内容之前，需要事先为笔记选定一个内容主题，编辑笔记标题时也需要重点突出笔记的核心关键词。博主在进行笔记内容的撰写时，应该围绕既定关键词进行，在保证笔记切题且内容充实的情况下，博主最好在内容中适当重复使用内容关键词。

提高关键词在笔记中的密度，能够使笔记更容易被系统捕捉并推送，从而提高笔记在此关键词下的排名。不过，关键词出现的次数要结合笔记的内容篇幅进行灵活考量，通常一篇250~300字的笔记，关键词重复出现4~6次是较为合适的频率，若是关键词的重复并不突兀，还可以适当提高其出现频率。

图8-8所示为在小红书中搜索"叠穿"，排名靠前的某篇图文笔记。我们可以看到，在这篇笔记不完整的正文中，核心关键词"叠穿"重复出现了7次，因此用户在搜索"叠穿"相关内容时，有很大的

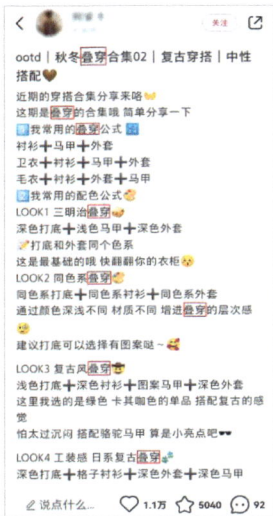

图8-8 "叠穿"相关笔记

图8-9 关键词后置的笔记

概率搜索到这篇笔记。

另外，若是笔记内容不宜频繁出现关键词，可以将关键词的相关词条统一后置于笔记的结尾处，如图8-9所示，这样既不会影响笔记原有内容，还能够有效保证笔记中的关键词密度。

3. 笔记的互动数据

笔记发布后，系统就会将内容划定至一定内容领域，尝试性地将笔记推给关注该内容领域的用户，给予一定的曝光度，使该笔记积累点赞数量、收藏数量与评论数量以及其他互动数据。所有的互动数据都会为笔记积累流量，等流量积累到一定程度时，系统就会提升笔记排名，给予该笔记更多曝光，并由此形成一个提升笔记权重的良性循环。

笔记互动数据指的是该笔记的点赞数量、收藏数量、转发数量、评论数量和关注数量这5个和用户互动产生的数据。小红书笔记互动数据的多少会影响到笔记排名的高低。在这5个互动数据中，博主唯一可以助力的就是评论数量，因此评论区的运营是博主工作中不可或缺的一环。

图8-10 博主回复评论

图8-11 笔记排序

在图8-10中，博主将笔记之外的补充内容，例如小贴士、商品购买途径、内容后续补充等适当分条地放置在评论区中并置顶。有用户评论时，不管是什么内容，博主都可以适当回复一下，优化评论区的互动数据。

笔记的互动数据不仅是笔记受欢迎程度的直观体现，它还从侧面反应了笔记的质量。用户在搜索笔记时，可以根据获取信息的需求，在搜索框下方的工具栏中设置笔记排名的依据。可选择的排名方式有综合排序、热度排序和发布时间排序3种，如图8-11所示。用户点击"最热"按钮即可使搜索结果中的笔记按热度从高至低排序。这时，笔记的互动数据越好，排名就越靠前。

4. 发布后的黄金时期

笔记在成功发布后的18～24小时，是有机会获得小红书扶持的黄金时期。在该时间段内，如果笔记的点赞数与收藏数达到了可观的数量，笔记将被系统自动判定为优质笔记，进而获得优先推荐的机会。因此，博主若能充分利用这个黄金时期，实现笔记热度的集中、快速增长，就能够为笔记争取到一个事半功倍的推广机会，从而提高笔记的排名。

账号权重——影响账号曝光率的重要因素

笔记有笔记的权重，账号也有账号的权重。除了发布的笔记的权重以外，账号本身的流量权重也很重要。

当一个账号有了粉丝，该账号的笔记就会被推荐给关注它的粉丝。如果这些粉丝对笔记内容点了赞，这些笔记就会进一步被粉丝的好友看到，进行新一轮的笔记曝光和传播，并以此形成裂变增长。当账号的粉丝数量达到一定数值之后，该账号所带来的裂变式增长的账号曝光率就会变得很可观，从而使得账号能够在稳定内容产出的同时持续、稳定地"涨粉"。

不过，账号权重对于提高账号曝光率而言并不是万能的，没有优质内容的持续输出，再高的账号权重也不能让账号得到长时间的、良好的曝光。但如果账号权重不高，或者很低，那么该账号所发布的笔记极易"被限流"或"被屏蔽"，从而对账号的曝光率产生很大的负面影响，这样，即便进行优质内容的持续输出，账号中也很难出现"爆文"。

小红书账号权重主要取决于内容原创度、内容垂直度、账号质量以及账号活跃度这4个因素。

1. 内容原创度

关于笔记内容的原创度，笔者在前文图文笔记的创作部分有所提及，此处再次给大家强调——小红书所发布的内容务必为原创内容，并且在内容编辑过程中，也应斟酌用词，避免与其他笔记同质化。

小红书平台本身会对笔记内容原创度进行一个审核与检验，系统会自动对比待发布笔记内容与平台内已有笔记内容的相似度，所以博主要避免笔记内容和其他笔记内容的重复。若博主的原创笔记语言精练、言简意赅，但在很多关键字、用词方面和已有的笔记内容重合，也有可能会被认定为抄袭，从而被平台降低笔记排名和减少曝光。所以博主在打造精品内容的同时，要尽量把笔记内容写清楚、写全面。

除了在内容方面下功夫外，相应的配图也可以多下点功夫。图文笔记的内容可以多搭配几张图片，图片的内容除了跟文字笔记息息相关之外，可以适当添加一些修饰内容。这样不仅可以显得博主在用心准备、用心制作笔记，而且可以提高笔记内容的原创度，丰富笔记内容。

2. 内容垂直度

当你准备运营小红书账号时，一定要在最开始就明确自己的账号定位，这样才能有效地进行后续的运营操作。

写笔记内容的时候，要严格按照一开始就确定好的内容定位，专注于一个特定领域持续输出有价值的内容，从而建立自己的个人品牌，有效地提升账号权重。

例如一开始就准备运营一个有关穿搭的账号，就要从第一篇笔记开始，一直做穿搭的内容，这样就可以让系统和用户更加精准地将该账号定位为一个穿搭账号，如图8-12所示。

如果账号偶尔更新关于护肤的笔记，偶尔更新关于穿搭的笔记，偶尔更新关于学习的笔记，偶尔更新人际交往类的笔记，系统就不能明确该账号到底属于哪个类型，因而不能将账号内容精准地推送给可能感兴趣的用户。其他用户也会觉得这个账号中的有用内容过于分散，转而去寻找其他更加专业、内容更加集中的账号。

只有账号做到内容领域垂直，系统对账号定位的判断才会更加准确，才能将相应内容精准推送给更多用户，其他用户才能快速从你的账号里找到需要的信息，从而关注你的账号，和你互动。

在进行账号笔记垂直度拓展时，围绕的关键词越细越好。流量越是四处分散，关键词和垂直领域就越要细分。

以前小红书的平台机制不成熟，平台还处于原始发展期，一个账号只有一个宽泛的领域也有很大概率得到很大的流量，在网络中走红。但是现在小红书的平台机制走向成熟、变得规范后，对各项内容都进行了更加细致的区分，就需要博主把垂直领域做到更细。

比如账号定位在美妆领域的话，就要再进一步，看是选择眼妆、口红还是底妆，或是选择日韩妆容领域还是欧美妆容领域。

图8-12　穿搭类账号

3. 账号质量

账号质量不是简单地坚持产出原创内容就可以置之不理的。一个小红书账号，即使没有抄袭、搬运其他账号的内容，也不能代表这个账号的质量高。

图8-13　持续创作同主题笔记的账号示例1

图8-14　持续创作同主题笔记的账号示例2

那到底什么样的笔记才算高质量的笔记呢？这取决于笔记对于用户来说是否有价值。账号内容对用户来说有价值、有意思，能满足用户的需求和兴趣，帮助用户解决问题，自然就是高质量的。

有了高质量的内容后，还要进行持续的、高质量的输出，这样才能有持续的粉丝关注，才能得到源源不断的收藏、点赞以及评论互动，这样才能长久地提高账号质量。图8-13、图8-14所示为持续创作同主题内容的小红书账号。

小红书会对账号的整体内容进行评估，内容涉及粉丝数量、笔记数量、收藏数量、点赞数量、点评数量等笔记互动数据，平台会根据这些数据考察账号的质量和判定账号的权重。

4. 账号活跃度

一个小红书账号作为博主的活跃度足够之后，还要考虑作为用户的活跃度。如果一个账号一直在小红书发布内容而不进行笔记的浏览，不和其他账号或用户进行互动的话，会被平台认定为营销号、机器人，如果一个账号在小红书只帮别人点赞评论，而不怎么发布笔记的话，也很容易被认定为平台的"僵尸"号或者引流机构的机器人账号。

所以运营一个账号，不能只是单方面地把小红书作为一个窗口进行输出，必须要适当地去给别的博主点赞、与其互动，作为一个普通用户使用小红书内的资源，通过增加作为个人账号的活跃度来提高账号的权重。

> **提示**
>
> 在运营小红书账号时，一定要提前了解小红书的相应规范，了解平台的禁止事项，避免不小心触碰到小红书的运营红线，遭遇相应的处罚。

8.3 "涨粉"第三步：账号推广

实现粉丝快速上涨的第三步是账号推广。

提高账号关注度——引导用户关注、收藏

账号的粉丝量体现的是笔记的基础关注度，而收藏不仅可以使用户反复点进笔记阅读，还能将笔记展示在用户的收藏夹中，为原笔记及发布账号带来二次曝光，因此它体现的是笔记的长期关注度。但用户在以打发时间为目的浏览信息的过程中，有时只是机械地进行刷新、点击等操作，不会主动地收藏笔记或关注账号，这时就需要创作者在笔记中适当地提醒用户关注或收藏。接下来介绍如何有效地引导用户关注或收藏。

1. 图文笔记

很多创作者会在图文笔记的结尾部分简单、直接地提醒用户关注账号，这是最常见的一种做法，如图8-15所示。一句简单的引导语句，由于篇幅不长，而且措辞比较委婉，所以不容易引起用户的反感。将这种引导语句放在结尾部分是因为这时用户已经基本完成阅读，对笔记已经形成了自己的评价，如果用户认可笔记内容，这时就很容易接受引导语句的指引，关注账号或收藏笔记。

图8-15　在文案结尾引导关注和收藏

2. 短视频笔记

在短视频笔记中，引导语句通常被放在文案中相对靠前的位置，因为很多用户在观看短视频笔记时

没有专门阅读文案的习惯，如果文案字数较多，结尾的引导语句就可能因为被折叠而被忽略，如图 8-16 所示。

如果只将引导语句标注在短视频笔记的文案中，引导语句仍然不够醒目，很难被用户看到，因此，更好的做法是将其加入视频，以起到提醒用户的作用，如图 8-17 所示。

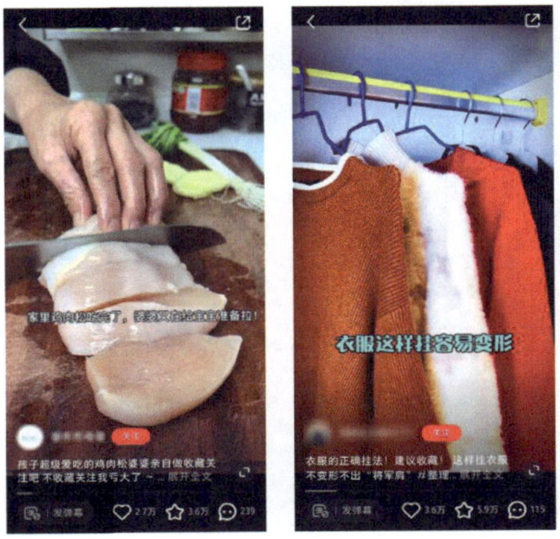

图 8-16　在文案开头引导关注和收藏 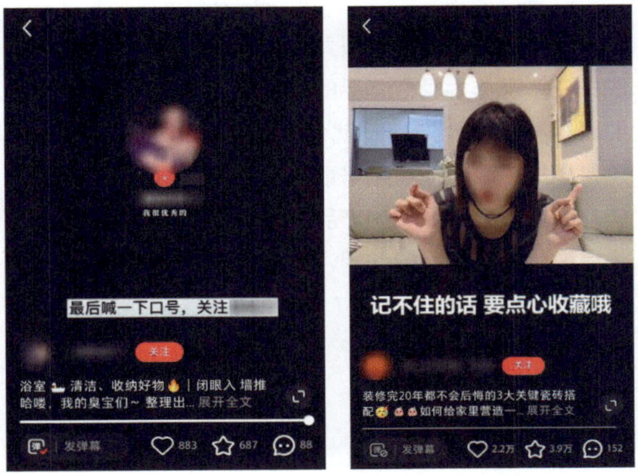　　　　　　图 8-17　视频结尾引导关注和收藏

3. 其他情况

有些创作者为了在运营初期更快地积攒粉丝，并不满足于在日常更新的内容结尾引导用户，而是会专门发布一期引导关注或收藏的内容，这就需要创作者将引导语句同笔记内容进行有机结合。图 8-18 所示为萌宠分类下的一篇短视频笔记，该创作者在展示可爱的动物影像时以动物的口吻不断提醒用户关注账号，暗示用户关注后可以看到更多相似的内容。由于视频节奏较快，引导关注和视频本身的内容结合得比较自然，这种反复提醒的方式并不会引起用户的过分反感。创作者在实际运用中要用心把握这种提醒的尺度，既要让提醒发挥作用，又要避免让用户产生逆反情绪，最后适得其反。

除了依靠优质内容以外，创作者还可以通过赠送礼品等方式吸引用户关注账号或收藏笔记。比如，有的企业账号为了在短期内快速聚集粉丝，会开展一些有奖活动，将关注账号设置为参与活动的条件，如图 8-19 所示。

图 8-18　将引导语句同笔记内容有机结合 　　　　　图 8-19　开展活动引导关注

开展活动——发福利，聚人气

开展活动是账号推广的常用方法，通过发放福利或设计有趣的活动吸引用户。同时优秀的策划能够成功为账号造势，甚至起到铺内容、造口碑的效果。在小红书平台，常见的活动形式有以下4种。

1. 关注领取

创作者提供具有吸引力的奖品，以用户关注账号作为领取奖品的条件，这样想要获得奖品的用户自然就会关注账号了。这是小红书平台推广账号最常见的一种方法，而且发放本品牌的产品，还能起到推广品牌和特定产品的作用，实现多重宣传效果，如图8-20所示。

图8-20　关注领取

2. 点赞、评论（走心评论和评论随机参与）

有些账号虽然粉丝量大，但粉丝活跃度不足，缺乏粉丝黏性，这类账号在开展活动时则可以将点赞和评论设置为参与条件，打造"爆款"笔记。另外，这种方法还适用于需要推广新产品的账号，如图8-21所示。

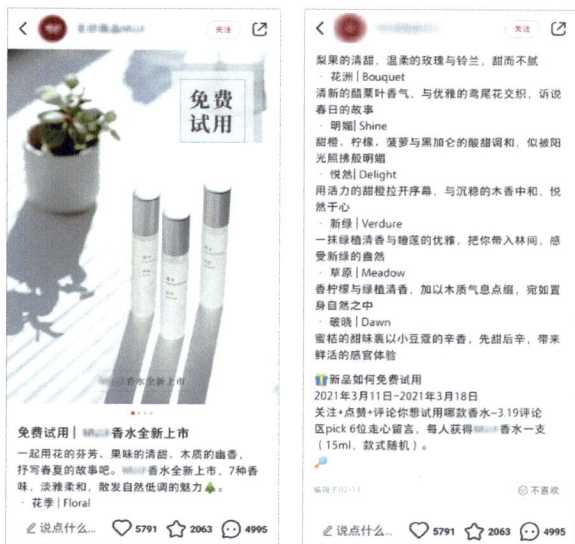

图8-21　点赞、评论领取

3. "惊喜盒子"

"惊喜盒子"是小红书的一项特殊活动，通常适用于入驻品牌的产品推广。品牌方将需要推广的产品设置为关键词，同时建立相关话题，当用户在小红书搜索特定关键词，或浏览特定话题下的笔记时，将随机触发"惊喜盒子"，获得品牌方提供的优惠券、试用装等福利，如图8-22和图8-23所示。

图 8-22 搜索关键词领取

图 8-23 浏览笔记领取

4. 直播发放

直播作为一种实时互动的内容形式，具有很强的交流性，同福利活动具有良好的适配度。当前"带货"直播正是自媒体领域的一个重要风口，许多"带货"主播都会在直播间赠送优惠券、抽奖促进成交，同时也能吸引更多的用户，以打造火爆直播间，如图8-24和图8-25所示。

图 8-24 直播赠送

图 8-25 直播抽奖

达人合作——"大V"替你做宣传

达人即小红书中具有一定粉丝量和影响力的博主，很多品牌方会同达人进行商业合作，由品牌方提供产品，达人带来流量，从而实现双方的利益互惠。接下来介绍达人合作的两种基本形式。

1. 试用分享

达人合作的常见形式是试用分享，即品牌方将需要推广的产品寄送给达人，达人试用后发布笔记分享体验并将产品推荐给自己的粉丝，从而起到宣传推广的作用，如图8-26所示。

图8-26　试用分享

2. 赞助奖品

曝光度较高的达人可以以自己的流量数据为资本，和品牌进行赞助式的合作。图8-27所示为某博主粉丝数破50万后的抽奖活动，该抽奖活动中的奖品都是由品牌方赞助的。博主通过送福利集聚流量，而品牌方也可以通过达人这扇窗口获得曝光度。

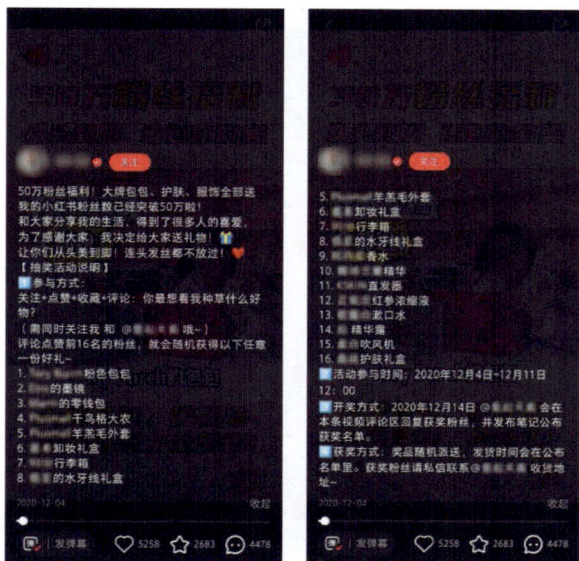

图8-27　抽奖活动赞助奖品

8.4 本章小结

本章主要介绍了小红书"涨粉"三部曲，分别是稳定内容产出、提高账号曝光和账号推广，本章小结如图8-28所示。

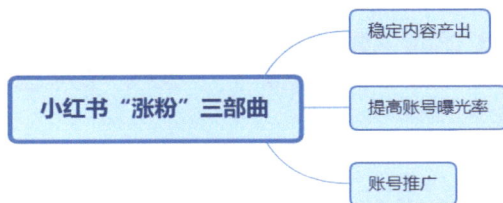

图8-28 本章小结

第9章

拓宽运营渠道，获取变现途径

　　账号运营并非永远停留在一个平台中，当账号运营所积累的资源引发质变，运营手段和模式自然也要随之升级，以满足账号升级的需要。另外，当账号发展到一定规模时，创作者就可以开始尝试流量变现。在小红书，流量变现并非遥不可及的目标，只要达到入门的条件，掌握了正确的方法，每个创作者都可能在小红书中获得回报。本章将带领创作者了解账号运营的一些进阶玩法，敲开变现这扇神秘的大门，让源源不断的流量带来真正可见的收益。

9.1 拓宽小红书推广的渠道

要想让账号长期地留存、活跃下去，就不能仅仅依靠常规的内容创作来吸引用户，而是要让流量吸引流量，充分利用现有的资源，并通过进阶的运营手段，实现热度的指数级攀升。

本节将围绕小红书的账号推广进行分析，主要介绍3种推广渠道及其特征，为创作者实现账号的升级运营带来有益的启发。

建立个人IP——拓展运营渠道

个人IP是自媒体账号为自身确立的一个符号或是个性特征。围绕个人IP量身打造内容和运营模式，使IP特征不断加深和传播，能够为账号带来源源不断的流量，甚至引发质变，使账号运营踏上新的台阶。

在当前的互联网时代，自媒体快速发展，进场的人也越来越多，竞争加剧，大量的同质化内容使得一个账号的"走红"堪比大浪淘沙。如果不能找到自己的独特之处，运营就很容易陷入困境，创作的内容也很容易被淹没在广袤的数据海中。这也是打造个人IP的意义所在，即找到运营方向，扩展运营渠道，提升自身的竞争力和增强自身的不可替代性。

多平台发布笔记内容——微博、微信运营引流

多平台运营是增加曝光、拓展运营渠道的重要途径之一。具体而言，它包括两方面的内容：同时运营多个平台的账号和引流。

1. 同时运营多个平台的账号

同时运营多个平台的账号并不是只要在多个平台中创建账号就可以了，而是要在多个平台保持更新，创作者既可以在各平台同步更新相同的内容，也可以根据不同平台的特性调整更新频率，但多个平台的账号必须保持一定的活跃度，如果只是创建了账号，却不运营，自然也就不算"同时运营"。

平台的选择取决于创作领域和创作内容。具体而言，一方面要考虑内容的形式，如图文还是视频；另一方面要考虑内容的受众，如侧重于年轻群体还是老年群体。运营平台不贵多而贵"合适"，只有选对了平台，才能真正为账号运营拓宽渠道。

如图9-1所示，左图为小红书上美妆和生活博主"翠西Tracey"的账号，其发布的内容形式以图片和短视频内容为主；中间的图为该博主在微博运营的同名账号，其发布的内

图 9-1 "翠西Tracey"在各平台的账号

容以Vlog和图文微博为主；右图为该博主的微信公众号，公众号和其运营的微店"脆美全球好物"同名。

该博主账号的内容主要涉及美妆领域和Vlog领域，目标群体为年轻群体，而小红书和微博这两个平台都是年轻人聚集的平台，因此该博主选择在小红书和微博同步运营，其分享的美妆知识获得了许多用户的喜爱。在小红书和微博获取大量年轻人喜爱的同时，该博主借助微信的公众号推送功能以及微店的电商功能，进一步拓展流量获取与变现的方式。

2. 引流

引流是指将一个平台的粉丝引导至另一个平台。这种向第三方平台引流的行为在小红书其实是被禁止的，但创作者可以使用委婉的做法，比如在简介中进行"自我介绍"，分享其他平台的账号名称，将小红书平台的粉丝巧妙地引流至其他平台。

不过需要注意的是，简介中不能提及第三方平台的名称，最好使用"emoji"表情进行表达。图9-2所示的博主就是使用围脖（谐音为"微博"）和信箱的表情图标暗示微博和邮箱。

另外，也有博主在小红书的笔记中，提及其他平台的内容入口以及其他平台的内容，将小红书平台的粉丝流量引导至其他平台。例如前文提到的博主"翠西Tracey"，就会在视频中提及或展示其微信公众号以及微店，如图9-3所示。

图9-2　微博引流

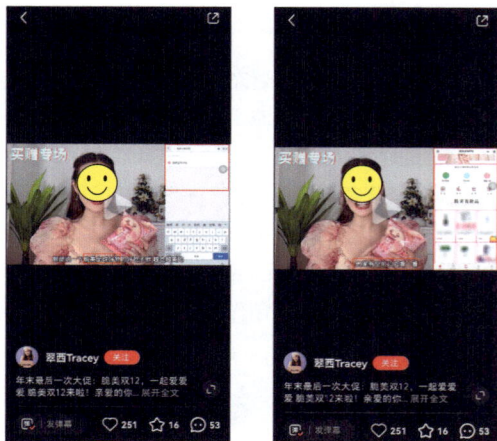

图9-3　公众号和微店引流

短视频推广渠道——一稿多投，强化IP

短视频是当前自媒体发展的一个风口，也是小红书平台的重点关注方向，平台大力鼓励创作者发布短视频。那么短视频创作者要如何实现多平台推广呢？接下来就为短视频创作者介绍平台选择和发布短视频的一些注意事项。

1. 如何选择其他短视频推广平台

当前的短视频平台数不胜数，但各平台拥有不同的风格和固定受众，接下来分别介绍了小红书以外，可以选择的短视频推广平台及其特点。

（1）抖音

抖音是字节跳动孵化的一款音乐创意短视频社交软件，是一个面向全年龄段的短视频社区平台。用户可以在抖音分享自己的生活，也可以结交更多的朋友。抖音的主要群体是年轻用户，但由于平台体量的不断扩张，抖音在各年龄段都有着相当数量的用户群，因此，抖音是运营短视频的一个优质平台。如果想要获取流量，在抖音同步经营一个账号是非常有益的。图9-4所示为网页端抖音的短视频播放界面。

图9-4　网页端抖音

（2）快手

快手最初是一款用来制作、分享GIF图片的手机应用，后来逐渐从制图工具转变为短视频社区，成为用户记录和分享生产、生活的平台。随着近年来的不断发展，快手成为短视频平台中的中流砥柱，拥有广阔的下沉市场。内容受众面较为宽广的创作者可以选择快手这一平台同步运营。图9-5所示为网页端快手的短视频播放界面。

（3）微信视频号

微信视频号是腾讯继订阅号、服务号等功能之后推出的全新功能，主要提供时长不超过1分钟的短视频内容的分发与推送，也可以发送数量不超过9张且尺寸符合要求的图片动态，在动态中还可以以添加扩展链接的形式插入公众号文章，如图9-6所示。微信视频号既是一个全新的内容记录与创作平台，

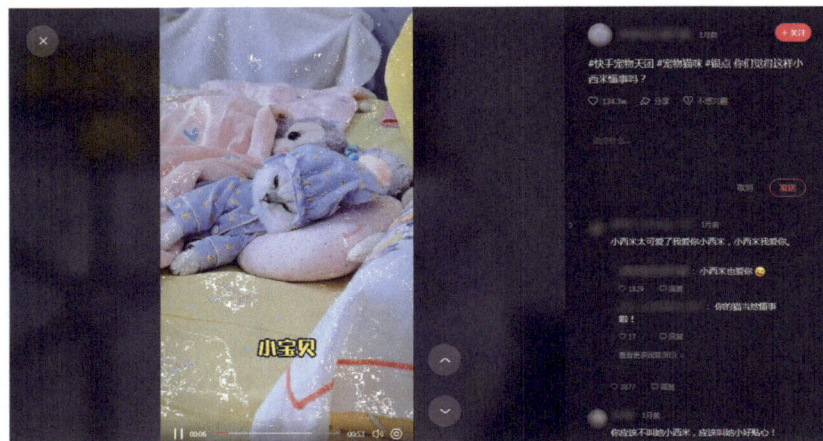

图9-5　网页端快手

也是一个了解他人、了解世界的窗口。微信视频号暂未上线单独的App，用户可直接从微信发现页朋友圈下方的视频号入口进入，如图9-7所示。由于背靠微信这一拥有庞大用户群的社交软件，微信视频号所拥有的基础流量是非常可观的。图9-8所示为手机端微信视频号的视频播放界面。

（4）B站

哔哩哔哩（bilibili），简称B站，是中国年轻一代高度聚集的文化社区和视频平台。早期的B站其实是一个专注ACG（动画、动漫和游戏）内容创作与分享的视频网站，但经过近年来的不断探索和尝试，B站已经围绕用户、创作者和内容本身构建了一个多元的生态系统，内容涵盖7000多个兴趣圈层。B站并不是专注短视频内容的平台，但它对短视频内容具有较好的兼容性，年轻人爱看的、新奇的、有趣的短视频内容都可以在B站上获得关注。图9-9所示为手机端B站首页的兴趣推送。

（5）微博视频号

微博视频号是新浪微博推出的全新推广计划，用户只需发布一则视频内容即可开通视频号功能，获得专属曝光和流量。微博视频号以新浪微博为依托平台，无论是市场规模还是曝光流量都不容小觑，涉及的领域比较广泛，但不变的是，新鲜、生动、具有讨论价值的内容容易受到用户的喜爱，还有机会登上微博"热搜榜"，实现流量增长的良性循环。另外，微博视频号也呈现了突出的年轻化趋势，尤其是"90后""00后"，他们是微博视频号的主力军。图9-10所示为微博用户主页的视频号专属窗口。

图9-6　添加扩展链接

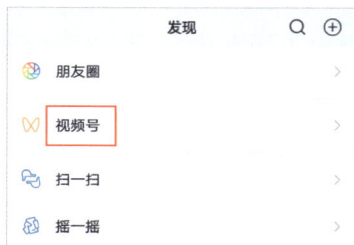

图9-7　微信视频号入口

图9-8　手机端微信视频号

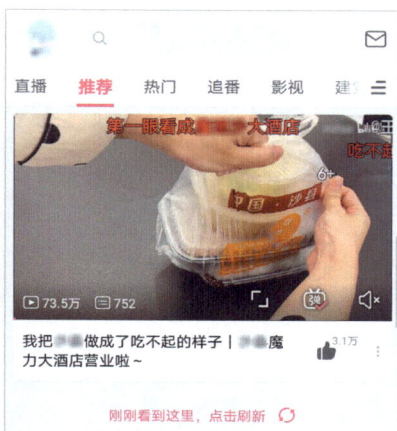

图9-9　手机端B站首页

图9-10　微博用户主页的视频号专属窗口

2. 注意事项

在运营多个平台的短视频账号时，为了确保运营的有效性，让流量在各平台账号间高效流动，创作者需要注意以下4点。

（1）各平台账号的基本信息保持一致

在多平台运营账号时，为了让粉丝快速、准确地辨认，创作者应当使账号昵称、头像、ID、简介等信息尽可能保持一致，或提供明显的标识。图9-11所示为某博主的小红书主页和微博主页，该博主在简介中都使用了"天天开心"这一祝福语，能够让粉丝产生熟悉感。

图9-11　简介一致

（2）稳定的发布频率

在多平台运营账号时，为了使各平台的内容都能稳定曝光，创作者应当使各平台的内容发布频率基本保持同步，而不是只专注于个别平台账号的运营，忽视其他平台账号的运营。当然，同步不是同时，创作者可以根据平台生态和流量数据对发布频率进行合理、灵活的安排。

图9-12、图9-13、图9-14所示的是某博主分别在B站、小红书、微博发布的美食短视频，但在进行内容分发时，该博主将相同的视频素材根据各平台的内容特性进行了灵活调整，重新分配了视频时长，更新频率也视平台而异。

图9-12　在B站的更新频率

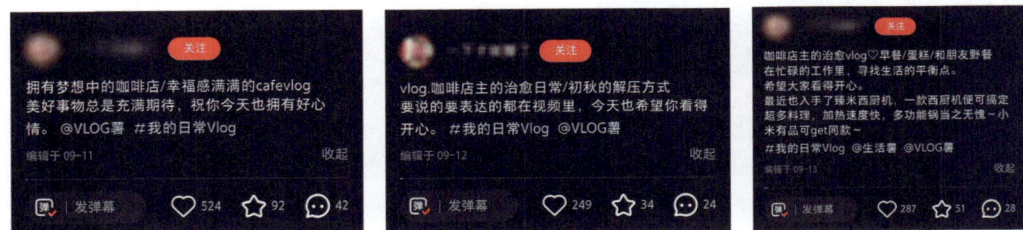

图9-13　在小红书的更新频率

图9-14 在微博的更新频率

（3）适当联动

在多平台运营账号时，为了实现流量的内部流动，创作者可以进行平台之间的联动，最简单的一种做法就是在简介中进行标注。图9-15所示为某小红书博主的个人主页，该博主在简介中提及自己运营了淘宝网店，并在简介结尾标明"各平台同名"，感兴趣的粉丝可以直接在淘宝等其他平台搜索该博主的ID。

（4）规避限流的风险

多平台运营账号时，为了避免平台检测到重复内容导致账号被限流，创作者可以灵活变通，这里为创作者提供3种调整的思路。

① 重新整合素材发布，即使用相同的内容素材，但通过调整分类逻辑或顺序等将其组合成不同的成品。如合集博主可以将测评或推荐的产品重新分组，在平台A发布一篇连衣裙合集和一篇外套合集后，在平台B发布秋装合集或秋日穿搭合集，将之前使用到的一些连衣裙和外套素材整合起来。创作者可以充分发挥创造力，从有限的素材中探索出更加丰富的呈现方式。图9-16所示为一段学习方法视频，该创作者在不同平台发布内容时虽然使用了相同的视频素材，但在视频制作时进行了特别设计，使两个视频有所区分。

图9-15 简介联动

图9-16 灵活调整素材

② 调整内容形式，即在平台A发布图文内容，在平台B发布视频内容。创作者要用心把握每个平台的内容需求和特性，准确分布内容，以获取最大收益。图9-17所示的博主在小红书主要发布短视频笔记，在微博则多发布图文内容，在抖音则发布短视频并开展直播，这种安排体现了该博主对各平台进行了认真研究。

图9-17 调整内容形式

③ 适当错开时间发布，即创作者可以灵活安排不同内容的分布时间。图9-18所示的博主分别在小红书和抖音发布了一则内容相同的Vlog，但发布时间相隔半个月，在两个平台都获得了较高的热度。

图9-18 错开时间发布

9.2 矩阵推广，让引流更加高效

矩阵本身是一个数学概念，在自媒体领域是指一种多渠道分发内容的运营模式，包括内向矩阵和外向矩阵。内向矩阵是指在同一平台进行多种内容形式的创作，以实现流量的内部转移。外向矩阵则是指在多个平台运营并将获取的流量转移到特定平台。

实际上，矩阵的运用是非常灵活的。本节将围绕矩阵推广，介绍在小红书如何打造矩阵，帮助创作者进一步掌握引流的高阶玩法。

什么是矩阵——独木不成林

矩阵在数学中代表的是一种集合，引申到自媒体运营当中，可以简单概括为若干个账号之间产生的相互作用，比如一个创作者同时运营多个账号并在账号之间进行引流，等等，这些账号就形成了一个简单矩阵。在小红书中，矩阵的构成形式有两种：有主次之分的账号矩阵和同级别账号构成的矩阵。接下来分别介绍这两类矩阵的特点。

1. 有主次之分的账号矩阵

有主次之分的账号矩阵由主账号和子账号构成，账号间发布的内容相似或具有一定关联，同时也有差异。通常情况下，主账号的内容更加精致巧妙，子账号只起辅助或是锦上添花的作用，必要时还需要将流量从子账号引向主账号。

图9-19所示为某短视频博主同时运营的两个账号，其中主账号用于发布该博主拍摄的原创短剧，而子账号则用于发布拍摄花絮，两个账号具有鲜明的主次之分但又彼此关联，而且能够起到互补的作用，实现相互引流。

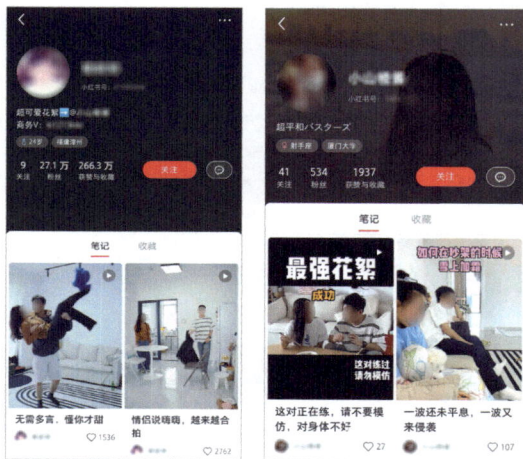

图9-19　主次级的账号示例

在矩阵中区分账号的主次级可以明确运营目的，实现资源的合理利用，将资源和流量集中到一个关键账号上，实现账号的升级转化，为整个团队的运营带来新的进展。

2. 同级别账号构成的矩阵

同级别账号构成的矩阵是指在矩阵内部，所有账号的地位都是平等的，账号间可以互相引流，但资源分配都是公平的，不存在向某一个账号倾斜的情况。

图9-20所示为同一创作者运营的两个账号，其中一个用于发布该创作者的摄影作品，另一个用于记录日常。该创作者可以通过对两个账号的运营有效管理两个不同分类的内容创作，增加曝光度，一个账号可以支援另一个账号，但账号间本身不存在从属关系。

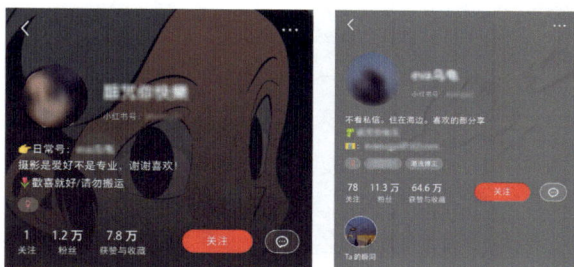

图9-20　同级别账号

同级别账号还有一种特殊情况，即情侣账号。一些情侣会在小红书平台分享自己的生活日常，而有些情侣会同时开设两个账号，同步展现双方视角，使分享内容更加生动且具有代入感。两个账号的创作主题和创作对象是一致的，联系十分紧密，因此也能形成矩阵，如图9-21所示。

图9-21　情侣账号

矩阵推广的优势——更成熟的商业运作

对于创作者来说，矩阵推广相当于同时操纵多个账号，为多个账号提供内容并策划运营模式，意味着运营的成本也将成倍增加，那么为什么还要打造矩阵呢？答案很简单，因为矩阵一旦形成，它能为创作者带来更高的效益。矩阵推广的优势可以总结为以下3点。

1. 容易获得曝光

运营矩阵最直接的一个好处就是能够增加获得曝光的机会。由于小红书的算法具有随机性，因此"爆文"的出现也具有随机性。在一个账号上发布内容可能没有火，但同时在两个账号上发，那么笔记被用户看到的机会就会增加，同理，如果在3个、4个甚至更多个账号上发布呢？火的概率自然更高。当然，创作者不能在多个账号上发布一模一样的内容，但可以进行简单调整，将同一创作主题分解成多份内容进行分发。

当一个账号获得流量之后，创作者就可以将流量引导到另一个账号上。需要注意的是，用户的关注是可以分散的，当创作者将同一批用户从一个账号引到另一个账号时，前一个账号所获取的流量并不会消失，但另一个账号可以获得新的流量，这时创作者就获取了成倍的流量，但这还不够，另一个账号本身也有自己的流量，创作者可以继续将这些流量引向第一个账号。

在上述过程中，创作者花费的是运营2个账号的成本，但获取了4倍的流量。而且流量的价值并不是通过简单叠加来估量的，对于一个账号而言，5000个粉丝和10000个粉丝是完全不同的两个层级，不同层级可以获取的机会也不是通过简单的倍数计算能总结的。

由于"爆文"的出现具有随机性，各账号获取高曝光度的时机很容易错开，这时，创作者就可以利用轮流曝光的时间差进行灵活引流，使多个账号共享流量，将矩阵整体的高曝光时间有效延长。

图9-22所示为3位小红书博主发布的合作笔记，视频中的3位博主属于同一家MCN机构，内容领域和粉丝受众都比较接近，通过发布合作笔记，能够有效实现相互引流。

图9-22 合作引流

从上一个案例可以看出，并不是只有同一个创作者运营的账号才能形成矩阵，多个创作者也可以通过联合创作共同营造矩阵，只要能够在多个账号间进行成功引流，实现流量共赢即可。

合作打造矩阵的方式其实在短视频博主中十分常见，尤其是拍摄原创短剧的博主，由于拍摄短剧有时需要多位演员参与，有些短视频博主会邀请其他博主前来客串，共同完成短剧的拍摄，内容发出后，在文案或者评论区标注出客串博主的ID，则可以完成引流，如图9-23和图9-24所示。

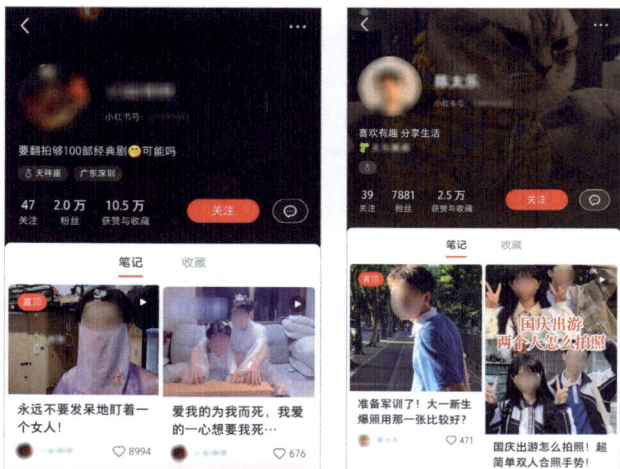

图9-23　合作打造矩阵

图9-24　在评论中完成引流

2. 成本分摊

上一点已经提到，在分发内容时，定位相似的账号可以共享同一个创作主题，那么创作成本自然也就有重合的部分，因此在实际运营中，很多时候多个账号的运营成本并不是简单地叠加，有时创作成本反而会下降。

除此之外，在共同创作视频时，由于多个账号共享多份收益，相对而言一个账号所承担的成本也就少了。图9-25所示为小红书平台中多位博主的合作视频。

3. 提升产品影响力

矩阵可以通过多账号运营来扩充IP内容，实现产品的多维度呈现，形成IP规模，进一步提升产品影响力。一方面，矩阵可以通过规模效应放大流量；另一方面，创作者可以通过优化矩阵内部结构，灵活分配资源，为产品吸引更多具高忠诚度的粉丝。

举个例子，某矩阵由3个内容账号、3个演员账号和1个"带货"账号构成。3个内容账号分别发布喜剧结尾的短剧、悲剧结尾的短剧和拍摄

图9-25　合作视频

图9-26　内容账号

花絮，3个演员账号则发布个人视角的拍摄日常，"带货"账号主要是由短剧演员出镜"种草"自己的品牌服饰。各账号通过内部引流共享流量收益，该矩阵内部分工明确，内容的规划与整合也十分清晰，演员、短剧和服饰品牌共同组建成一个有机整体，也就是个人IP，如图9-26、图9-27、图9-28、图9-29所示。

图9-27　演员账号

图9-28　"带货"账号

图9-29　矩阵内部引流

加入矩阵——在垂直领域做得更深

了解了矩阵的含义和作用，那么创作者要如何亲手打造出一个矩阵呢？接下来介绍3类小红书账号矩阵的打造方法，为创作者的实战提供思路。创作者可以根据自己选择的内容领域和运营优势来选择最适合自己的方法，或者从现有的方法中重新整合出属于自己的运营路径。

1. 多视角切入

多视角切入是指创作者通过调整切入点，在同一类目中呈现出多视角的内容并将其发布在不同的账号中。图9-30和图9-31所示为同一MCN机构管理的两个美妆账号，虽然同属美妆领域，但案例一中的创作者以护肤知识为切入点，向用户分享美妆知识，而案例二中的创作者以美妆开箱为切入点，为用户的消费提供意见，分享美妆好物。

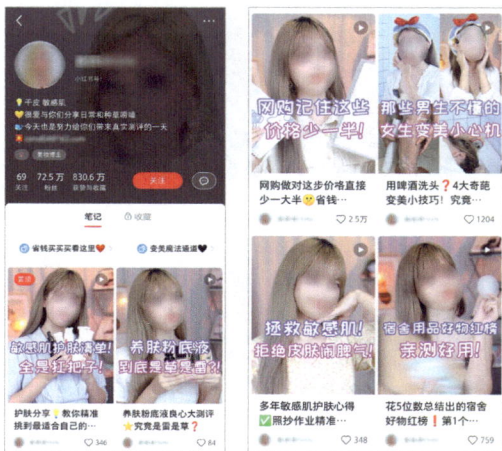

图9-30　案例一

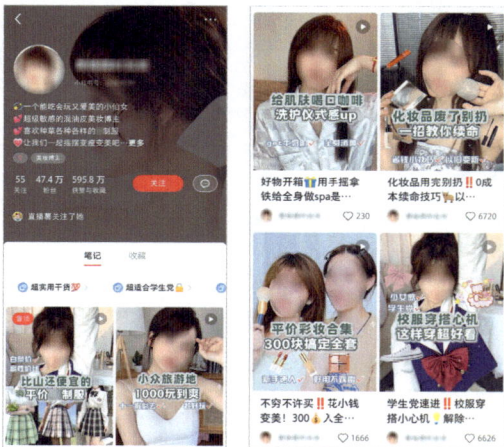

图9-31　案例二

2. 多层面呈现

多层面呈现是指在构建矩阵时，注意使各账号的内容领域错落分布，比如以"大类目＋小类目"的模式搭筑矩阵，这样能够使内容的呈现更具层次感，体现账号间的差异，以便更好地完成引流。图9-32和图9-33所示的两位博主同属一家MCN机构，账号定位保持"综合测评＋彩妆测评"的架构，由于同属于测评大类之下，粉丝构成有所重合，但又能够互相补充。

图9-32　综合测评博主

图9-33　彩妆测评博主

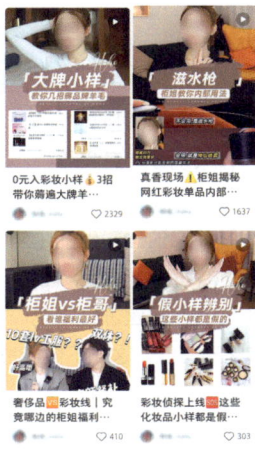

3. 占据更多小类目

在矩阵构成账号较多的情况下，创作者可以有意识地利用数量优势在多个小类目中铺内容，扩大矩阵整体的规模和影响力，从而增强竞争力，实现包揽流量。图9-34和图9-35所示为同一团队管理的原创短剧博主和美妆博主。

图9-34　原创短剧博主

图9-35　美妆博主

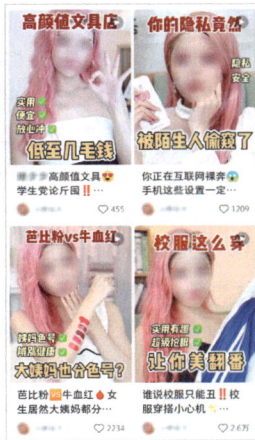

9.3　建立社群，增强粉丝黏性

社群是将平台粉丝转化为私域流量的重要媒介。当小红书账号积累起一批活跃的粉丝时，创作者就有必要建立属于自己的粉丝社群了。社群的建立和经营可以让创作者拉近自身与粉丝的距离，在与粉丝的接触和交流中，提高粉丝的忠诚度。另外，社群的建立，有助于创作者开展各类营销活动。

本节从社群营销的角度入手，为小红书的创作者分析建立社群的重要性，并且总结与社群运营相关的技巧和方法。

社群的作用——维护忠实粉丝，增强粉丝黏性

小红书营销基本建立在账号拥有足够粉丝的基础上，通过调动粉丝的积极性和开展相关活动，进而让粉丝成为消费者。但这样的营销模式需要依托于小红书平台，并且粉丝的参与度、购买力和积极性较难把握，也正因如此，建立起社群对小红书账号的运营者来说很有意义。

社群可以理解为一个社交群体，对于小红书账号的社群而言，社群内的成员主要为粉丝，社群成员基于相同的爱好和需求凝聚在一起，而账号的运营者就是凝聚这些粉丝的中坚力量。简单来说，建立小红书的社群就是对小红书的粉丝进行筛选，找出其中有着相同诉求的人，让他们集中在一起。简单来说，小红书的社群就是运营者建立的粉丝群，即运营者将小红书的粉丝进行筛选，找出其中有着相同诉求的人，让他们集中在一起。运营者在社群中可以更好地与成员交流，这样不但能拉近运营者与粉丝的距离，增强粉丝黏性，更能让粉丝产生归属感，提高粉丝忠诚度，进而提高粉丝的留存率。

图9-36所示为某个账号的粉丝交流群。在粉丝群内，群成员可以进行互动交流，群管理员会将账号的更新或相关内容转发到粉丝群中，群成员会自发地组织一些评论、留言等活动，甚至有粉丝会研究平台的机制来提高账号的权重，将账号内容推上平台首页等。对于账号的运营者而言，创建社群不仅收获了粉丝的支持，还有助于账号的推广和宣传。

社群还为运营者提供了一个私人专属的营销渠道。社群内的营销会更加直接，运营者能够通过社群掌握成员的共同需求，通过拼单、团购让利等活动激发粉丝的购买欲，这种社群内的激励会形成良好的营销氛围，社群成员间会相互感染，成员的积极性很容易被调动起来。比起平台营销，社群营销能够立竿见影，且针对的受众会更加精准。

图9-37所示为某粉丝群内发起的低价抢购活动。小红书作为生活方式分享和消费的决策平台，其中大量的账号都是通过"带货"的方式实现运营的，运营者将开展的营销活动以链接、小程序等方式分享至粉丝群内，粉丝可以在粉丝群内直接下单。通常粉丝群内的营销会有粉丝专属的折扣和福利等，这样既可以让粉丝群变得活跃，让粉丝长久留存，又可以为运营者的营销活动提供便利。

图9-36　某个账号的粉丝交流群

图9-37　某粉丝群内发起的低价抢购活动

社群的建立和管理——让社群经验更长久

小红书账号的运营者需要通过内容创作等手段引流并积攒粉丝，然后引导粉丝加入自己创建的社群，这个看似简单的过程其实包含了众多的环节。要想让社群能够长久地运营下去，就需要花时间研究

管理社群的方法和技巧。

1. 选择建立社群的方式，引导粉丝入群

目前，小红书官方还没有推出社群的相关功能，这意味着创作者要借助其他渠道建立社群，然后在小红书上引导粉丝加入。较为常见的方法是利用微信、QQ、微博等社交软件组建粉丝群，相较于QQ和微博，微信建群更具有优势。一方面，微信平台的用户量更大；另一方面，微信能够与公众号、视频号和朋友圈实现对接，更便于创作者打造自己的私域流量。建群只是第一步，要成功引导小红书的粉丝加入社群才是关键。在小红书中引导粉丝加入社群的方法有很多，如简介设置、评论回复等。

小红书主页的简介是一个宣传的好位置，不少创作者会将自己其他平台的账号信息或联系方式留在简介中，粉丝打开账号首页就能看到。图9-38所示是两个利用简介进行引流的账号首页。简介引流确实能吸引人，但需要注意的是，小红书为维持平台生态，要求简介中不得包含引导倾向的因素，因此创作者在设置简介时需要谨慎一些，需要利用符号来代替一些关键词，避免被平台认定为违规。

图9-38　利用简介进行引流的账号首页

相较于在账号简介中放置引流的信息，将引导内容添加到账号内容中能减小账号违规的风险。图9-39所示是某账号在视频中添加的加群信息，尽管没有主页简介那么显眼，但粉丝在观看视频时会注意到相关信息，进而以相应的方法加入社群。

一般来说，添加粉丝进入社群的方法以私聊添加为主，另外也并不推荐使用扫描二维码进群，扫描二维码进群有时效性，且容易被小红书识别，存在一定的违规风险。最好的方式是将社群相关信息放进图片，再通过私聊发送给邀请对象，如图9-40所示。

图9-39　某账号在视频中添加的加群信息

图9-40　通过私聊邀请加入社群

2. 设立规矩和门槛

俗话说："没有规矩不成方圆。"在建立社群之初需要制定一个社群管理方案。大大小小的社群少则几十人，多则几百人，如果没有定好规矩，社群的运营就会混乱不堪。因此，创作者要在拉人建群前

制定好社群的规矩，在新成员加入时，要让所有成员清晰地了解社群规矩，并督促成员遵守。通常一个社群中会设置几位群管理员。群管理员除了组织活动和发布消息外，还要负责监督群内是否有违规行为。

为了便于管理，一些社群会制定群内发言的规则，常见的发言规则有单向和双向两种类型。单向发言是指社群内长期禁言，成员只能接收群管理员发布的信息，不得在群内发言讨论；双向发言就是没有禁言的障碍，群成员在社群中可以直接互相交流。举个例子，一些团购群主要以开展团购活动为主，管理员会要求成员不得在社群内发言；而在一些社交性质的群，群成员可以畅所欲言。

除了发言规则，发言的内容也要适当限制，要禁止成员发布违反国家法律或社群平台要求的言论和图片，否则社群将面临被平台方解散的风险。其次是群内除管理员外，其他成员不能在群内发布广告等内容，这样做一方面是为社群营造良好的氛围，另一方面是为避免有人借社群之名散布虚假广告，坑害其他成员。

图9-41所示为某粉丝社群的群公告，当有成员加入社群时，可以第一时间看到群公告。群公告内容就是该社群的行为规范，有一些管理较为严格的社群会在规范中加入相应的惩处措施，成员违规时会受到禁言等处罚，这些规范和惩处措施是一个社群秩序稳定的基础。

每个社群的人数都有一定的限制，当一个社群成员数达到上限时，一般会由管理员增开新群。一些粉丝较多的创作者，此时可以考虑适当提高加入社群的门槛。图9-42所示为某KOL的粉丝群，群规要求群成员多对该KOL发布的作品进行点赞、评论

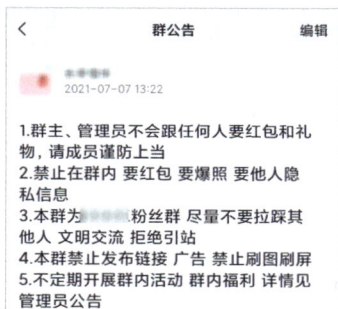

图9-41　群公告

图9-42　群简介对成员提出的要求

等，并且会定期对群内的低活跃度用户进行强制清退，以此鼓励群成员在群内积极发言，提高活跃度。

设立进群门槛有这样几点优势。

- 能够划分粉丝的等级，从众多粉丝中筛选出更忠实、更具购买力的人。
- 能在粉丝间形成竞争，激励粉丝，增强粉丝积极性。
- 粉丝转化率会更高，创作者可以更有针对性地制定营销方案。

为社群制定门槛的方式也是多种多样的，对于小红书创作者而言，购物消费是常用的指标。粉丝想要加入创作者的社群，需要通过创作者在小红书上的直播、推广购买产品，粉丝通过下单购物将身份从单纯的粉丝转变成消费者，创作者就可以将这些消费者用社群集合在一起，以优惠、折扣来吸引他们继续消费。

开展社群活动——让社群活下去

当社群有了合理的制度后，要让社群存活并长期地运营下去，创作者需要用心经营。随着时间的推移，社群成员会渐渐对社群失去新鲜感，此时就需要开展各式各样的社群活动，达到持续吸引成员、增强社群凝聚力、增强社群成员黏性的目的。常见的社群活动有以下6种。

1. 发红包

发红包是最直接的社群活动之一，操作简单，而且对社群成员的吸引力也比较大。

通常来说，发红包要选择大多数社群成员在线的时间点，这样才能确保被足够多的人看到，否则，如果在半夜或工作日的上班时间发红包，可能发完红包之后很长一段时间，社群成员都没有关注到群消息。红包发出时如果不能立即吸引到群成员的注意，那么随着时间的推移，群成员的关注度也会消减，甚至红包可能会被其他聊天信息覆盖。

在一些特殊的时段发红包，还能收到不一样的效果。接下来介绍4个特殊的发红包时段。

（1）特殊节日

特殊节日在社群里发红包，既是对社群成员送上了节日祝福，表达了创作者的心意，更能在社群中营造节日的氛围，有利于推进后续的节日营销活动，如图9-43所示。

（2）早间、晚间或特定的运营时间

按照人们的生活习惯，早间是一天忙碌的开始，在社群内发一个红包能给人鼓舞，让人愉悦；晚间则是人们结束一天的忙碌进入休息放松的时间，此时发红包能起到慰问的作用。图9-44所示是某学习类社群在晚间时刻发红包，给予群成员问候的同时给出建议。

除了早间或晚间外，一些社群还会挑选特定的运营时间发红包，比如每次发布小红书笔记或开启直播时，为了提醒群成员及时观看，可以发一个红包，如图9-45所示。

（3）新人入群时

新人入群时，群主或管理员可以发红包表示欢迎，帮助新人快速融入社群，如图9-46所示。很多人加入社群后，不知道如何加入社群讨论，除了偶尔浏览社群消息外，几乎不在群内发言，久而久之便成为社群中的低活跃成员。而群主或管理员在新人入群时发一个入群欢迎红包，就可以有效避免这种情况。

| 图9-43 特殊节日发红包 | 图9-44 晚间红包 | 图9-45 直播提醒红包 | 图9-46 新人入群欢迎红包 |

（4）早起红包

早起红包是指群主或管理员每日给群内最早起床打卡的成员发一个专属红包，以鼓励社群成员早起完成群内打卡任务或参与群内活动。这种红包适用于一些学习类社群，如一些教育考试类、技能学习类账号的粉丝交流群可能会在早间组织学习活动，早起红包可以激励社群成员积极参与到活动中来，以发挥社群的积极作用。

创作者在发红包之前最好还要明确自己的目的，不能盲目地发红包。发红包带来的资源转化是有限的，而且如果发红包的频率过高，可能导致社群成员过度关注红包，甚至忽视了社群的其他功能，这是不利于社群长期发展的。因此，创作者在红包的金额、红包的性质、发红包的目的等方面需要仔细考量。

此外，很多社群平台增加了许多具有特殊功能的红包，图9-47所示为QQ群中可发送的8类红包。除了"拼手气红包""普通红包""专属红包"在微信群中也可以发布外，其他几种类型的红包都只能在QQ群中发布，而且这些红包在领取时设置了条件，领取者必须在群中发布特定口令或完成一些趣味性操作才能领取红包。这样发一个红包可能会在社群中引发一系列的热闹交流，从而使社群的活跃度获得显著提升。

图9-47　QQ群中的特殊红包

2. 抽奖

抽奖同发红包类似，都是通过一定的福利提升社群成员的参与兴趣，从而提升社群的活跃度。图9-48所示是某社群为了回馈社群成员，在群内开展的抽奖活动。

受制于群功能，有些金额较大的抽奖活动需要在其他平台进行，比如微博抽奖平台不仅具有相对完整的抽奖功能，还能对抽奖活动起到一定的监管作用，避免虚假抽奖。因此，很多创作者会选择在微博发布抽奖活动，再将该条抽奖微博分享到社群内，提醒社群成员及时参与。图9-49所示为转发到某社群内的抽奖微博，社群成员点击链接后，就可以打开小程序快速登录并参与抽奖。

图9-48　群内抽奖活动

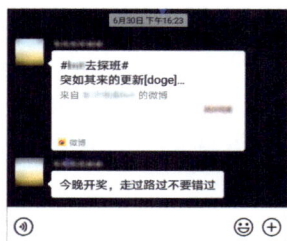

图9-49　分享抽奖活动链接至社群

3. 群投票

群投票可以用于在社群中调查成员意向或解决一些决策问题，对提升社群活跃度有一定的积极作用。图9-50所示为在某粉丝社群中，创作者通过群投票收集社群成员们对于视频制作的意见，这种投票的形式也受到了社群成员们的一致认可。

图9-50　群投票

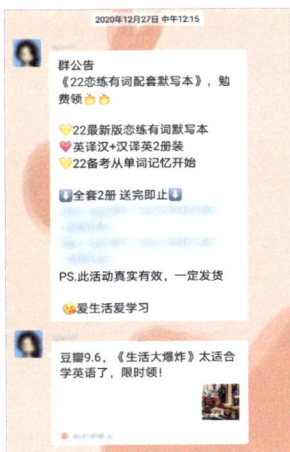

2020年12月27日 中午12:15

群公告
《22恋练有词配套默写本》，勉费领🎁

💛22最新版恋练有词默写本
❤️英译汉+汉译英2册装
💛22备考从单词记忆开始

📘全套2册 送完即止📘

PS.此活动真实有效，一定发货

🖐爱生活爱学习

豆瓣9.6,《生活大爆炸》太适合学英语了，限时领!

图 9-51　在社群分享干货

4. 干货分享

社群是一个信息交流的平台，在社群内分享一些干货和资讯能够大大提升社群的价值，让社群成员感受到社群的实用性和价值性，从而让社群成员长期留存于社群中。很多社群会借助微信公众号等平台将早报、干货资料等分享到社群内，如图9-51所示。

5. 名人互动

小红书的创作者很多是自带话题的"网红"，甚至不乏名人和明星，当他们"空降"社群时就能引发成员的强烈反应，这是提升社群活跃度的良好契机。此外，一些社群还会专门邀请名人进社群与成员互动，利用名人效应轻松获得成员的关注，从而提高社群的活跃度，调动成员的积极性，同时邀请名人互动还能作为推广社群的卖点，吸引一批新成员的加入。

6. 线下聚会

线下聚会也是很多社群开展的主要活动之一。线下聚会可以拉近群成员之间的距离，增进成员彼此间的感情。线下聚会能让成员之间建立起超脱虚拟世界的交互关系，吸引众多的成员参加社群活动。不过，线下聚会的地域局限性很强，更适合本地性质的社群，且群内成员的分布相对集中。此外在组织线下聚会前，创作者需要有详细的策划，包括聚会时间、地点、内容、资金等。

无论是哪种类型的社群活动，在组织前，创作者都需要有合理的规划，尤其需要注意以下几个方面。

- 活动要让成员有参与感，不是简单地提供奖励给成员。
- 活动内容要简单直接，否则会让参与者失去耐心。
- 要让参与活动的成员有所收获，让活动办得有价值、有意义。

社群专享福利——激发粉丝的购买力

福利是留住成员的直接方法，尤其是社群专享福利能够让成员更愿意留在社群中，在社群中保持一定的活跃度。经常在社群中发放专享福利，还能让成员养成定期查看社群内容的习惯，延长成员在社群内的活跃时长，让社群更具生机和发展性。社群专享福利还能有效刺激粉丝的消费意愿，增强粉丝的购买力。接下来介绍一些常见的发放社群专享福利的方式。

1. 专属直播

专属直播，顾名思义，就是为社群成员专门提供的直播，如果不是社群成员，就无法观看。专属直播的吸引力往往来自直播中的特别嘉宾或特殊的分享内容。简单来说，社群成员在专属直播中可以看到平时无法轻易看到的内容，获得有价值的信息，这样的专属直播就是给社群成员的专属福利。

为了限制观看直播的人员，创作者需要为直播间设置观看门槛。小红书直播是可以设置直播间可见范围的，创作者只需将直播间设置为"仅对被分享用户可见"，再将直播间分享到社群即可，如图9-52和图9-53所示。

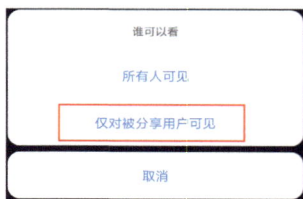

图9-52 仅对被分享用户可见

图9-53 分享直播间

2. 专属优惠

专属优惠是指仅向社群成员提供的内部优惠活动，包括在社群内发放成员专属优惠券、或组织社群内部团购、"集赞"活动等，如图9-54所示。在实际的变现过程中，如果直接在社群内部发布销售信息，不仅很难吸引社群成员消费，还有可能被认定为打广告，导致成员的流失。而如果是以发放专属优惠的形式进行，则更容易被社群成员接受，而且福利本身具备一定的吸引力，成交率也会更高。

多种多样的专属优惠中，"集赞"活动较为特殊，它能够充分利用社群中每一位成员的辐射作用，实现流量的指数级攀升。参加"集赞"活动的社群成员往往需要在社交平台发布指定内容，并邀请好友为自己点赞，如图9-55所示。也就是说，每位成员发布的内容都能被该成员的好友看到，从而起到扩大宣传范围的作用。而且，好友之间往往具有一定的相同点，比如生活环境相同、兴趣相同、年龄相同、工作环境相同等，这样一来，一位社群成员在社交平台发布了"集赞"内容之后，能看到这条内容的好友也很可能属于目标受众，即以熟人关系进行信息传播，更容易让目标用户看到。

在发放专属优惠时，使用群接龙功能不仅更方便完成统计，还能确保活动信息能够经常出现在社群中，以免被其他消息覆盖，如图9-56所示。

图9-54 专属优惠

图9-55 "集赞"活动

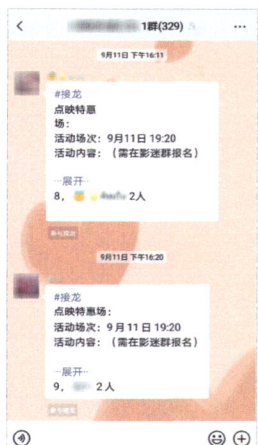

图9-56 群接龙

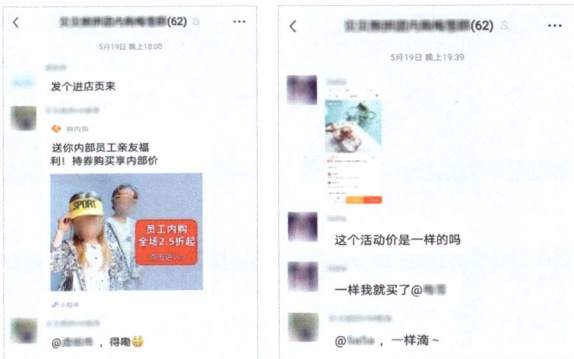

图 9-57 专属客服

3. 专属客服

在社群内配置专属客服，一方面能够定期发布有效信息，使社群更具组织性，彰显专业度；另一方面，专属客服能够及时帮助社群成员解决问题，为社群成员提供服务，使社群管理和变现更高效，如图 9-57 所示。

9.4 小红书的变现途径

运营小红书账号的最终目的是变现，但不同的变现途径具有不同的特点，操作起来也各有不同。本节从变现谈起，向小红书创作者介绍几种小红书中常见的变现途径，并对小红书当前电商模式中的变现部分进行分析和探讨。

商家引流——利用笔记"种草"带货

小红书当前有大量商家入驻，这些商家主要的变现手段是发布"种草"笔记，通过打造"爆文"为自身或特定产品带来关注度，从而达到引流的目的。这类商家引流具有以下 3 个特点。

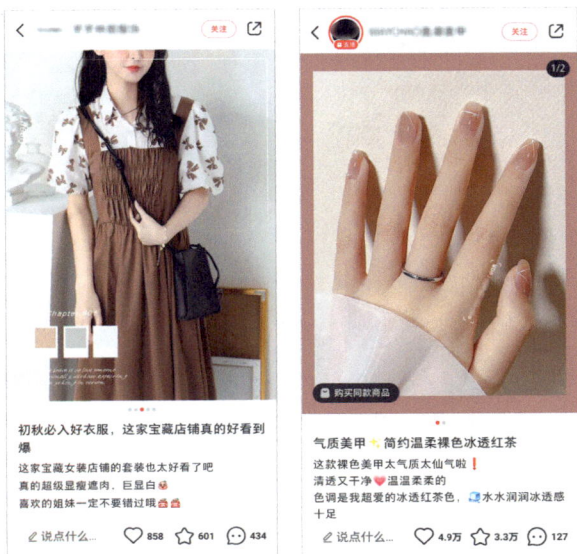

图 9-58 内容社区化

1. 社区与电商相结合

商家发布笔记的最终目的是销售产品，因此可以将其看作电商运营的一部分。但小红书本身是一个内容社区，因此其发布的笔记要以实质性的内容为依托，而不能只是简单的推销。

商家入驻小红书后，需要将产品以符合平台要求的方式进行展示、分享，于是形成了以"产品展示 + '种草文案'"为基本结构的"种草"笔记，以此将销售同社区分享有机地结合起来，如图 9-58 所示。

2. 投放日常化

商家引流是一个长期的过程，如果只是在新品上市或做活动的时候才开始投放，那么账号的积累就会有所不足，影响力也会大打折扣，而且短期内突然投放大量内容，如果操作不当，还很容易导致账号权重下降。

最好的做法是将投放当作一项日常化的工作来完成，使账号保持稳定的更新频率，如2~3天更新1篇笔记，或每天更新1篇笔记，做到细水长流，这样也能吸引到更多的用户。图9-59所示为某手机壳店主的小红书账号，该博主每当制作出新的手机壳款式都会在账号中发布短视频笔记，展示手机壳的同时也为账号带来了源源不断的流量。

图9-59　稳定更新

3. 用内容"养粉"和打造口碑

既然是在小红书上投放，那么内容自然是最重要的"种草"利器之一，"爆文"的打造和口碑的积攒都离不开好的内容。优秀的商家会将产品同领域热点相结合，创作出用户想看的、有价值的内容，如图9-60所示。有时，一篇"干货满满"的"爆文"能够为商家带来较大的流量，从而带动其他笔记得到曝光，达到为产品引流的目的。

图9-60　优质内容

广告商单——为产品量身定制的宣传

对个人账号而言，广告商单是小红书变现的主要渠道。要让广告商单成功起到宣传作用，必须具备以下3个条件。

1. 找对KOL

宣传的前提是平台要合适，具体到投放在小红书的广告就是要选择合适的KOL，这样无论是否能打造出"爆款"笔记，至少可以在该KOL的粉丝群中获得基础曝光，并为产品带来有效变现。

图9-61 探店账号

图9-62 多账号投放

鉴别KOL是否合适的根本方法是检查受众是否一致。在受众一致的基础上再挑选创作内容同产品一致或具有关联的KOL。

图9-61所示为某探店账号，该账号主要分享城市中与吃、喝、玩、乐相关的各类优质且有趣的店铺，虽然所涉及的领域比较广泛，但共同点在于，这些店铺都是年轻人感兴趣的。该账号的目标人群往往具备一定的消费力且对新鲜事物有好奇心，这些特征同定制珠宝店铺的目标受众具有较高的重合度，因此投放这样的账号是比较有效的。

2. 掌握投放规律

在实际的投放中，掌握一些规律能够提高投放的回报率，比如根据投放内容选择发布时间，以便有更多的目标用户能够接收到笔记推送。

通常来说，比起在同一个账号多次投放，更好的做法是选择多位、不同量级的KOL分别进行投放，以此营造产品十分火爆的效果，引发用户的购买兴趣，如图9-62所示。可以适当错开投放时间，以免造成不必要的内部竞争，反而降低了曝光率。

3. 做好投放内容

投放内容的创作是广告商单中最重要的一环。内容是KOL交给品牌方的最终成果，也是用户能够接收到的直接信息。如果投放内容过于粗糙，那么投放效果也就难尽人意。那么投放内容应该怎么去做呢？接下来介绍两个投放原则。

投放内容中必须体现产品特性，投放的目的是让用户了解产品，从而对所推广的产品产生购买意愿，因此投放内容必须展现产品的一些基本情况，比如产品功能、成分、使用方法等，如图9-63所示。

投放内容必须要使用户感兴趣，而不是一则普通的、干巴巴的广告，否则用户就不会产生探索的欲望，笔记的互动数据就不会好，投放效果自然也会随之受到影响，如图9-64所示。

图 9-63　展现产品特性

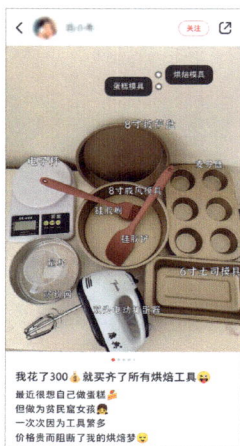

图 9-64　用户感兴趣的内容

小红书电商——经营自己的平台电商

　　小红书从一个海外购物经验分享平台发展至如今的规模，一直在不断地探索自身发展的边界，最终目的是成为独树一帜的平台电商，目前已经初见成效。但在发展过程中，小红书也并非一帆风顺，时至今日，小红书仍然有很多亟待解决的问题。接下来就从小红书的电商之路谈起，分析小红书的电商模式及特点，为想要在平台上长期运营和变现的创作者提供一些参考信息。

1. 初阶状态：以内容带动消费需求

　　小红书当前的电商模式主要是"内容社区＋线上商城"，简单来说就是以优质内容引导和刺激消费，在笔记中加入消费暗示，引导用户产生定向的购买意愿。就小红书的运营现状来看，在优质内容的生产这一环节上，小红书已经卓有成效，但消费环节的影响力仍显薄弱，具体体现在小红书难以将用户的消费行为锁定在小红书商城中。

　　面对这一困境，小红书做出了自己的应对，比如上线"好物推荐"功能，让用户在阅读笔记时可以直接从笔记跳转至商城消费。创作者在发布笔记时可以自主插入商品链接或品牌主页链接，笔记内容也可以展现出更加明显的销售倾向，这使内容分享同消费决策结合得更加紧密，如图 9-65 所示。

　　除了在笔记中"带货"以外，小红书直播间的消费引导也十分突出。直播间不仅支持快速跳转到小红书商城中的商品详情页，还支持发放各种专属优惠券，刺激用户在小红书商城中消费，如图 9-66 所示。销售商品的直播间预览页会显示"带货中"的小图标，吸引用户一探究竟，如图

图 9-65　在笔记中插入商品链接

图 9-66　小红书直播间

图 9-67　"带货中"小图标

9-67 所示。

上述功能最突出的作用就是缩短用户从接收内容到实际消费的耗时，为达成消费提供操作上的便利，同时也为商家"打价格战"提供了最直接的阵地。

2．进阶状态：实现专属消费导向

如果说在初阶状态，小红书电商的销售逻辑是通过引发用户关心，在产品与用户之间建立联系，从而达到销售目的，那么在进阶状态，小红书吸引的则是一批自带消费目的的用户。由于小红书已经打响了"种草神器"的名号，许多用户在打开小红书时并不是完全茫然的状态，恰恰相反，他们已经有了一个模糊的消费方向，比如想要购买一条耐穿的牛仔裤，或是想购买某品牌的眼霜。这些用户想进一步了解其他用户的消费体验，以此验证这些产品的质量是否过关，还有些用户想了解更实惠的购买方法，这时，他们就会打开小红书，直接搜索购物目标的关键词，检索目标信息。图 9-68 所示为针对特定产品或商家进行测评的小红书笔记，这些笔记都能为用户的定向消费提供参考。

用户自带消费目的，平台也就更容易将他们的关注点聚焦到消费内容上来。与此同时，这些用户的使用数据也成为平台准确把握用户需求的良好样本数据。图 9-69 所示为搜索界面的推荐词，"猜你想搜"是根据用户使用偏好推送的相关搜索词，"搜索发现"则是根据用户近期偏好和平台热点推送的相关搜索词，这两个功能体现的就是小红书用户的使用数据。

图 9-68　测评笔记

图 9-69　搜索界面

对于已经具备消费目的的用户，小红书平台将通过提供专属内容实现定向的消费引导，并通过入驻商家提供的活动吸引用户在平台完成下单。另外，平台和商家还可以提供一些小礼品，比如产品试用装或者下次购买时可以使用的专属优惠券等，要求用户在收到商品后，在小红书平台分享自己的使用体验，充实平台的定向UGC，为其他用户的消费提供直接参考信息。

3. 小红书蒲公英和品牌合作

小红书蒲公英是小红书的商业合作服务平台，创作者可以通过发布笔记的形式开展品牌合作。商家想要通过与创作者合作发布笔记完成"种草"，必须在小红书蒲公英上下单并完成报备，这样才可以进行合规的"种草"。品牌合作则是小红书蒲公英为小红书创作者提供的官方变现途径。接下来详细介绍其作用和使用方法。

（1）小红书蒲公英的作用

小红书蒲公英致力于聚集优质博主，以社群的模式为基础，采用线上课程、直播等形式进行官方独家培训，更提供线下workshop、沙龙、官方社群等活动来为博主们服务，引领博主开启小红书商业化旅程。蒲公英寓意自信、不懈生长，散落的种子飘向远方扎根发芽，即寓意着小红书创作者的传播能力和"种草"能力像蒲公英一样强大。

小红书蒲公英是基于小红书的产品，创作者可以从手机端的"品牌合作"功能跳转进入，网页端的用户则可以在搜索引擎中搜索"小红书蒲公英"进入官方网站，如图9-70所示。

（2）品牌合作

小红书蒲公英提供全链路的合作计划，让创作者和合作方之间的交易线上化，由小红书平台全程监督，使创作者的权益更有保障。

创作者申请成为品牌合作人后，可在小红书蒲公英设置报价并开启合作状态。商家在小红书蒲公英上挑选想要合作的账号，并发起合作订单。创作者接受合作邀请，及时完成笔记的创作，品牌确认笔记内容后，就可以正式发布了。顺利完成合作后，品牌方确认完成订单，费用会自动结算到创作者的账户。

（3）如何成为品牌合作人

成为品牌合作人必须满足两个要求：完成专业号认证，粉丝数达到5000人。创作者可以通过"创作中心"的"品牌合作"界面申请，但提交申请后需要经平台审核才能开通该功能，如图9-71和图9-72所示。

（4）成为品牌合作人的注意事项

① 内容真实准确。创作者虽然要为商家推广产品，但这种推广必须建立在内容真实准确的前提下，不能为了推广而编造虚假的使用体验。另外，创作者需要准确把握产品特点，

图9-70　小红书蒲公英官方网站

图9-71　品牌合作申请入口　　图9-72　申请成为品牌合作人

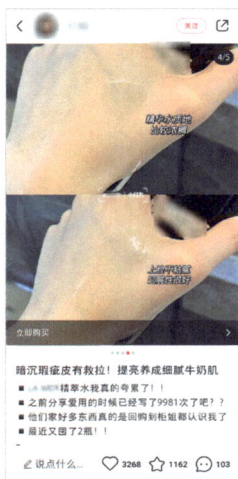

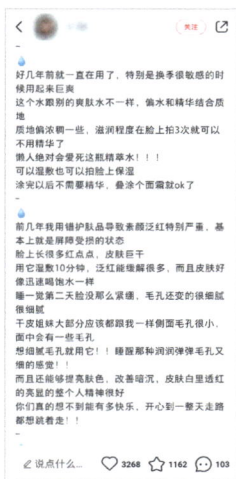

图9-73 内容真实准确

图9-74 商品合作

图9-75 好物体验站

图9-76 我的体验

准确描述并分享自身的使用体验，让其他用户了解到最真实、最全面的产品使用感受。图9-73所示为某品牌爽肤水的推广笔记，该创作者结合自己的皮肤特性，详细描述了自己使用该爽肤水的感受，其他用户能从这篇笔记中获得参考。

② 遵守平台规范。成为品牌合作人后，创作者仍然需要遵守平台的要求，按照小红书蒲公英规定的流程进行，不能未经报备就直接发布推广笔记。创作者应当仔细阅读《小红书品牌合作功能协议》中的内容，避免出现违规行为，导致账号权重受到影响。

③ 及时发布笔记。创作者必须按时、按要求完成合作方的要求，创作并上传品牌合作笔记，避免出现逾期的情况。

④ 控制接单频率。创作者每月发布的商业笔记和自然笔记的比例如果不够合理，将会影响账号在小红书蒲公英的信用等级，小红书蒲公英信用等级将直接决定创作者能否继续进行品牌合作。因此，创作者在进行品牌合作的同时，也要坚持创作优质的自然笔记，确保账号的长期发展。

（5）小红书蒲公英的其他功能

商品合作即好物推荐，开通该功能后，创作者可以在笔记和直播间中嵌入合作商品的分享链接，合作商品则是由第三方商家发布在好物推荐平台上的可供销售的商品。用户通过点击合作链接购买商品并完成消费下单流程后，创作者将获取销售分成。开通商品合作必须满足两个条件：完成实名认证，粉丝数达到1000人，如图9-74所示。

新品试用是商家发布需要推广的新品，符合要求的创作者提出申请并通过后，将收到由商家寄出的样品，创作者需在约定时间内完成试用并发布体验笔记。创作者可以在"好物体验站"中进行试用申请并可以在"我的体验"界面中管理体验，如图9-75和图9-76所示。

小红书蒲公英除了能实时跟踪商业合作进度外，更有强大的数据支撑。小红书蒲公英支持展示创作者的多维度数据，包括笔记数据、粉丝分析。这样不仅有利于创作者对笔记数据进行追踪和复盘，还为品牌方对意向合作账号的筛选提供了有价值的参考。

4. 薯条推广

薯条是小红书提供的为笔记增加额外曝光量的付费工具。创作者付费后，平台可以将笔记推广至用户的发现页。通过对薯条推广进行设置，创作者还可以将笔记推送给更加精准的目标用户群。

使用薯条推广的过程中，创作者所购买的其实是笔记的曝光次数。另外，通过分析笔记投放的后台数据，创作者可以总结出笔记当前存在的问题，明确笔记优化的方向，如阅读量不够高则优化封面和标题，互动量不高则需要优化内容，而涨粉量不高则可以优化个人主页。

开通薯条推广功能需要满足3个条件：发布笔记数达到2篇，粉丝数达到500人，账号符合社区规范，如图9-77所示。

创作者选定需要推广的笔记后，点击笔记右上方的"⤴"按钮，如图9-78所示，在弹出窗口中点击"薯条推广"按钮即可进入薯条功能界面，如图9-79所示。

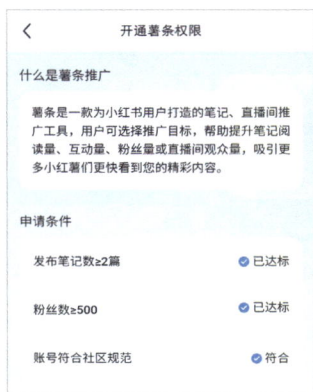

图 9-77　开通薯条权限

图 9-78　薯条推广入口

图 9-79　薯条推广入口

9.5　本章小结

本章主要介绍小红书的多重运营渠道和变现途径，以多平台运营、矩阵推广、社群运营寻求变现途径这4个常见的运营玩法为例进行了详细的介绍与分析，并对小红书自身的一些运营与变现工具进行了说明，帮助创作者用好手中的"流量"，本章小结如图9-80所示。

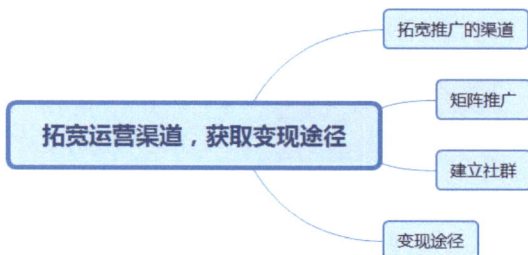

图 9-80　本章小结